Ardeschyr Hagmaier

Menschen statt Generationen

Ardeschyr Hagmaier

Menschen statt Generationen

Die neue Kunst des Führens - wie Sie alle Mitarbeitenden wertschätzend coachen

WILEY

WILEY-VCH GmbH

Bibliografische Information der Deutschen Nationalbibliothek

Die Deutsche Nationalbibliothek verzeichnet diese Publikation in der Deutschen Nationalbibliografie; detaillierte bibliografische Daten sind im Internet über http://dnb.d-nb.de abrufbar.

Print ISBN: 978-3-527-51215-7
ePub ISBN: 978-3-527-85118-8

Umschlaggestaltung: Susan Bauer, Heddesheim
Coverbild: sorapop – stock.adobe.com
Satz: Straive, Chennai, India
Druck und Bindung: CPI books GmbH Leck, Germany

Inhalt

Einleitung: Auf der Suche nach der Führungsformel **11**

»Ardeschyr allein zu Haus«: Wie mir die Coronazeit zu den entscheidenden Impulsen zu diesem Buch verholfen hat *11*
Werte*s*chätzendes Coaching als Zukunftsaufgabe *14*
Wie Sie mit diesem Buch optimal arbeiten *16*
Dankeschön! *17*

Teil 1 Die Grundlagen des werteschätzenden Coachings

1. Menschen statt Generationen **21**
Vom Sinn und Unsinn der generationenbezogenen Führung *21*
Von den Babyboomern bis zur Generation Alpha *22*
Die Generation X (1965 – 1980) *24*
Die Generation Y (1981 – 1996) *24*
Die Generation Z (1997 – 2012) *26*
Zuerst kommt der Mensch, dann die Generationenzugehörigkeit *27*

2. Führung in der Post-Coronawelt – aber bitte individuell! **33**
Schlechte Führung auf dem Arbeitnehmermarkt ist tödlich *33*
Konsequenzen für den War for Talents *35*
DIE faule Generation gibt es nicht *37*
Leben und führen in der Post-Coronawelt *38*
Mitarbeiterorientierung und offene Kommunikationskultur im Fokus *40*
Coachende Führungskultur *43*

3. Die zehn wichtigsten werteschätzenden Coachingprinzipien . . **47**
Coaching als individuelle Form der Führung *47*
Ohne Vertrauen geht gar nichts *48*
Die coachende Führungskraft *49*

Die Grundsätze der werteschätzenden Haltung 50
Werteschätzendes Coachingprinzip 1: Mit Respekt, Vertrauen und Anerkennung agieren 51
Werteschätzendes Coachingprinzip 2: Das aktive Zuhören leben 52
Werteschätzendes Coachingprinzip 3: Individuelle Förderung umsetzen 52
Werteschätzendes Coachingprinzip 4: Offene Kommunikation pflegen 53
Werteschätzendes Coachingprinzip 5: Empathie zeigen 54
Werteschätzendes Coachingprinzip 6: Ziele gemeinsam setzen 55
Werteschätzendes Coachingprinzip 7: Fehler als Lernchance sehen und Lernkultur aufbauen 55
Werteschätzendes Coachingprinzip 8: Den Willen und die Fähigkeit zur Selbstreflexion fördern 57
Werteschätzendes Coachingprinzip 9: Positive Arbeitsatmosphäre schaffen 57
Werteschätzendes Coachingprinzip 10: Mit Herzblut und Leidenschaft coachen 58

Teil 2 Selbstführung, Selbstmanagement und Selbstcoaching: So gehen Sie werteschätzend mit sich selbst um

4. Erkennen Sie sich selbst 65
Von den Vorteilen der Selbst(er)kenntnis 65
Sieben Impulse für den Weg zu sich selbst 67
Impuls 1: Klarheit durch Selbstbefragung – ein mühsamer Weg 67
Impuls 2: Klarheit durch Gespräche mit anderen Menschen 68
Impuls 3: Klarheit durch Verhaltens- und Kommunikationstypologien 70
Impuls 4: Klarheit durch Fokussierung 72
Impuls 5: Klarheit durch den Blick in die Vergangenheit 73
Impuls 6: Klarheit durch den Blick in die Zukunft 74
Impuls 7: Klarheit durch Differenzierung 75

5. Setzen Sie sich klare Ziele **79**
Am Anfang ist das Ziel *79*
In vier Schritten zur klaren Zielsetzung *79*
Schritt 1: Das emotionale Warum erkennen *80*
Schritt 2: Kernbotschaft festlegen *82*
Schritt 3: Aktivitäten festlegen *86*
Schritt 4: Sich zur Zielerreichung verpflichten *87*

6. Bringen Sie sich in einen ressourcenvollen Zustand **91**
Im ressourcenvollen Zustand aus dem Vollen schöpfen *91*
Fünf Impulse für einen ressourcenvollen Zustand *92*
Impuls 1: Beenden Sie das Gerede vom halb vollen und halb leeren Glas *93*
Impuls 2: Balancieren Sie Ihre Lebensbereiche aus *94*
Impuls 3: Erhöhen Sie Ihre Resilienz und Ihre Widerstandsfähigkeit *96*
Impuls 4: Reframen Sie, wo immer dies möglich ist *97*
Impuls 5: In fünf Schritten förderlichen Zustand herstellen *98*

7. Entwickeln Sie Ihre Potenziale und nutzen Sie Ihre Energiequellen **101**
Stärken stärken und Schwächen schwächen *101*
Mit fünf Impulsen alle Potenziale entfalten, entwickeln und nutzen *102*
Impuls 1: Entwickeln Sie Ihre Kompetenzen mithilfe von Tools *103*
Impuls 2: Entfalten Sie Ihre Potenziale durch Selbstbeobachtung *105*
Impuls 3: Unterstützen Sie Ihre Potenzialentwicklung durch Fremdbeobachtungen *106*
Impuls 4: Kompetenzlücken kompensieren *107*
Impuls 5: Energieräuber verhaften *108*

8. Motivieren Sie sich selbst **111**
Auf der Suche nach Ihren Motivatoren *111*
Die Bedeutung der intrinsischen Motivation *112*
Motivationstipp 1: Analysieren Sie Ihre Motivationsmuster *113*

Motivationstipp 2: Beachten Sie Ihre psychologischen Grundbedürfnisse *115*
Motivationstipp 3: Sorgen Sie dafür, Ihre Werte leben zu können *116*
Extra-Tipp: Belohnen Sie sich selbst *118*

9. Gelangen Sie in die Umsetzung und ins T.U.N. 121
Ohne Umsetzung ist alles nichts *121*
Mit Power-Wortkombination die gemütliche Gewohnheitszone verlassen *122*
Legen Sie den »Just do it!«-Hebel um *123*
Schritt 1: Die Power-Wortkombination, die Sie aktiv werden lässt *123*
Schritt 2: Verknüpfen Sie die Wortkombination mit positiven Aktivitäten *124*
Nutzen Sie die Mini-Habits-Philosophie, um ins Handeln zu gelangen *126*

Teil 3 Mitarbeiterführung und Mitarbeitercoaching: So gehen Sie werteschätzend mit Ihren Mitarbeitenden um

10. Entwickeln Sie sich zum Talent-Scout Ihrer Mitarbeitenden 131
Coachen statt managen: Talent-Scout in der Talentschmiede Unternehmen *131*
Coachen Sie schon – oder managen Sie noch? *132*
Die Passung muss stimmen *134*
Die Aufgaben des Talent-Scouts *136*
Verborgene Talente aufspüren *138*
Impulse für Ihr Talentmanagement *139*

11. Beachten Sie die Persönlichkeit Ihrer Mitarbeitenden . . . 141
Führungshandeln auf die Menschen abstimmen *141*
Vom Nutzen der Persönlichkeitstypologien *145*
Beachten Sie die Relativität der Typzuordnungen *148*
Ziehen Sie Konsequenzen für Ihr Führungshandeln *149*

12. Unterstützen Sie Ihre Mitarbeitenden bei der Verwirklichung der Unternehmensziele und der eigenen Ziele 153
Das traditionelle Zielvereinbarungsgespräch ist tot *153*
Coachen mit Commitment und konkreten Aktivitäten *154*
Effektive Gespräche statt Zeitverschwendung *155*
Schritt 1: Erst die Strategie, dann die Ziele festlegen *156*
Schritt 2: Aktivitäten und Vereinbarungen statt Vorgaben *156*
Schritt 3: Typgerecht statt eindimensional kommunizieren *157*
Schritt 4: Lösungen anbieten statt in Problemen schwelgen *158*
Schritt 5: Das Ja-Wort einholen *159*
Kompetenz-, Lern- und Weiterbildungskultur entwickeln *161*

13. Verbesserungen statt Veränderungen – so steigern Sie die Veränderungskompetenz Ihrer Mitarbeitenden 163
Wachsende Herausforderungen in transformativen Zeiten *163*
»Goodbye, Veränderung – willkommen, Verbesserung!« *165*
Erfolgsgewohnheiten beibehalten *167*
Bessermacher-Mentalität entwickeln *168*
Die Resilienz der Mitarbeitenden stärken *170*

14. Führen Sie mit Ihren Mitarbeitenden werteschätzende Gespräche 175
Werteschätzendes Führen und Coachen beruht auf Kommunikation *175*
Menschliche Kompetenz im Vordergrund *176*
Achten Sie auf die Körpersprache *176*
Schwierige Gesprächssituationen werteschätzend führen *178*
Kritisieren Sie konstruktiv *179*
Lösen Sie Konflikte werteschätzend *180*
Nutzen Sie im Motivationsgespräch den Schmerz- und Freudehebel *182*
Delegationsgespräch: Übertragen Sie Aufgaben richtig *184*

Führen Sie Bewertungs- und Unterstützungsgespräche produktiv – auch mit Low Performern 186
Leistungsschwächen werteschätzend bearbeiten 187

15. Schmieden Sie aus Ihren Mitarbeitenden ein unschlagbares Team . . . 189
Teamarbeit ist möglich – auch in der Ego-Gesellschaft 189
Mit drei Impulsen zur TeamIntelligenz 191
Impuls 1: Generationenübergreifende Netzwerke bilden 192
Impuls 2: Teamarbeit intelligent vorbereiten 194
Impuls 3: Gemeinsames Verständnis entwickeln 196

16. Agieren Sie auch im Recruiting werteschätzend . . . 199
Werteschätzung durch generationenunabhängiges Recruiting 199
Das Unternehmen als Bewerber 200
Mit Employer Branding zur Arbeitgeberattraktivität 201
Onboarding: Von Anfang an mittendrin, statt nur dabei 203

Teil 4 Menschen statt Generationen: Der Smiley-Faktor

17. Generationenübergreifende Führung – mit dem SPASS-Code und TALENT-Prinzip zum Smiley-Faktor . . . 211
Im Dialog mit Stefan Müller 211
Der Smiley-Faktor: Spaß haben und Talente ausleben 212
Generationenübergreifendes Mindset erarbeiten 213
Führungskräfte und Entscheider als Talent-Scouts 216
Sich dem Idealzustand annähern 219
Nachdenken und ins Handeln kommen 219

Der Autor . . . 223

Anmerkungen . . . 225

Quellen und Literatur . . . 229
Quellen 229
Weitere Literaturempfehlungen 231

Stichwortverzeichnis . . . 233

Einleitung: Auf der Suche nach der Führungsformel

Stellen Sie sich vor, Sie sind der Kapitän oder die Kapitänin eines Schiffes, auf dem Menschen aus unterschiedlichen Generationen arbeiten. Da gibt es die erfahrenen Seeleute, die schon viele Stürme erlebt und überstanden haben und sich auf ihre Erfahrungen verlassen. Und da gibt es die jungen Matrosen, die voller Energie und neuer Ideen stecken und auch mal etwas Neues ausprobieren wollen. Wie gelingt es Ihnen, aus den unterschiedlichen Charakteren und Persönlichkeiten ein Team zu schmieden und dieses Team effektiv zu führen?

Vielleicht, indem Sie das Trennende betonen und die Menschen in Gruppen und Klassen einteilen? Wohl eher nicht. Oder indem Sie das Gemeinsame hervorheben, die Stärken und Werte jedes Einzelnen nutzen, einen gemeinsamen Spirit entfalten und die erfahrenen Seeleute und die jungen Matrosen zu einer Einheit verschmelzen? Das wohl eher.

Wie aber kann das konkret gelingen?

»Ardeschyr allein zu Haus«: Wie mir die Coronazeit zu den entscheidenden Impulsen zu diesem Buch verholfen hat

Coronazeit 2021/2022: Ich bin in meinem Reisemobil unterwegs in ganz Europa. Ich habe beschlossen, während der nicht ganz freiwilligen einjährigen pandemiebedingten Auszeit mein Leben und meine beruflichen Ziele auf den Prüfstand zu stellen. Wohin soll mich mein Weg führen? Beruflich und privat? Was will ich mit meinem Tun bewirken?

In Vor-Coronazeiten habe ich das Fünf-Tonnen-Ungetüm als Coaching- und Businessmobil genutzt. Für Einzelcoachings. Für

Seminare mit überschaubarem Teilnehmerkreis. Für die Begleitung eines Verkaufsmitarbeitenden zu dessen Kunden, um vor Ort an dem Kundengespräch teilzunehmen und dem Verkäufer nach dem Termin konstruktives Feedback zu geben. Jetzt ist das Mobil ein pandemiegeschützter Rückzugsort, an dem ich über meine Zukunft nachdenke: »Ardeschyr allein zu Haus«.

Die erfahrenen Seeleute und die jungen Matrosen gehen mir einfach nicht aus dem Kopf: Wie gelingt es, sie zu einer Einheit zusammenzufügen? Klar ist: Beide Gruppen, alle Beteiligtem sollen Spaß und Freude haben an dem, was sie tun. Denn dann liefern sie hervorragende Arbeit ab und halten das Schiff auf Kurs, und das ist auch gut so. Schließlich soll es seinen Zielhafen unbeschadet erreichen. Damit dies gelingt, gibt die Kapitänin oder der Kapitän klare Ziele vor und setzt gewisse Regeln durch. Sie oder er behandelt die Seeleute wertschätzend und mit Respekt, sieht sie als einzigartige Persönlichkeiten und Individuen und berücksichtigt ihre jeweiligen Talente, Kompetenzen, Potenziale, Stärken, Werte und Gefühle. So geben sie gern ihr Bestes und leisten das, was sie zu leisten imstande sind. Oder auch mehr.

Wer Leistung fordert, muss Erfüllung und Sinn bieten. Muss dafür sorgen, dass die Menschen das, was sie tun, mit Spaß und Freude tun, und am Arbeitsplatz ihre Talente, Potenziale und Stärken entfalten können. Dabei gilt es, die Unterschiedlichkeit der Menschen als Persönlichkeiten zu akzeptieren.

Bleibt das Problem der heterogenen Gruppen. Gestandene Seeleute, vogelwilde Jungspunde: Für mich steht fest: Es muss Schluss sein mit dem Unsinn von der generationenbezogenen Führung. Denn es gibt mehr Gemeinsamkeiten als Unterschiede zwischen den Generationen. Es gibt keine Generationen, sondern nur Menschen!

Natürlich sollte eine Führungskraft beachten, wer vor ihr steht, mit wem sie zu hat: Der erfahrene Seebär hat andere Dinge erlebt als der junge Matrose. Diese werden wahrscheinlich von anderen Werten geleitet als die älteren Kollegen. Entscheidend ist jedoch nicht die Generationenzugehörigkeit, sondern die Persönlichkeit eines Menschen. Diese sollte von der Führungskraft erkannt werden. Konkret: Wer ist dieser Mensch? Wie tickt er? Was treibt ihn an? Welche Werte sind ihm wichtig?

Ich überlege weiter: Die Generationenzugehörigkeit ist nur ein Aspekt unter vielen. Denn wir alle kennen doch Menschen, die sich vollkommen anders verhalten als ihr Alter und ihre Generationenzugehörigkeit es vermuten lassen. Etwa den älteren Zeitgenossen, der an allem Neuen ein riesengroßes Interesse hat, neugierig ist und gern unbekannte Seitenwege einschlägt. Oder den Jungspund, der sicherheitsbewusst das Alte bewahren will und lieber auf den wohlbekannten Hauptwegen verbleibt.

Für mich ist klar: Die verbindenden und gemeinsamen Aspekte zwischen den Menschen sollten in den Vordergrund gerückt werden. Kooperative und konstruktive Mitarbeiterführung gelingt, wenn Führungskräfte die Individualität und Einzigartigkeit eines jeden Menschen respektieren. Die Lösung besteht in einem wertschätzenden Coaching, das die individuellen Werte beachtet. Wir können darum auch von einem wert*e*schätzenden Coaching sprechen.

Es geht um Wertschätzung und Werteschätzung, also darum, die Werte des Einzelnen anzuerkennen und zu respektieren.

Wertschätzung und Werteorientierung bilden das Fundament des Coachings. Und das gilt auch für alle Kapitäninnen und Kapitäne, die das Schiff mithilfe eines motivierten Teams in den Zielhafen steuern wollen. Dazu sehen sich die Unternehmen und Führungskräfte zudem durch diesen Umstand motiviert: Sie haben verstärkt mit einem Arbeitnehmermarkt zu tun. Nicht alle, aber immer mehr Mitarbeitende können sich auf einem nahezu gesättigten Arbeitsmarkt ihren jeweiligen Arbeitgeber aussuchen. Die Unternehmen müssen um die Menschen kämpfen. Der Begriff »War for Talents« gewinnt eine neue Qualität. Dazu trägt nicht nur der Fachkräftemangel bei. Sprüche wie »Lehrjahre sind keine Herrenjahre« haben ausgedient und sollten durch ein partnerschaftliches Führungs-Mindset ersetzt werden. Unternehmen brauchen innovative Strategien, um ihre Attraktivität als Arbeitgeber zu steigern.

Werteschätzendes Coaching als Zukunftsaufgabe

Die Herausforderung für Führungskräfte besteht darin, allen Mitarbeitenden als unterstützender Coach zur Seite zu stehen und Hilfe zur Selbsthilfe anzubieten. Damit dies gelingt, ist die Verknüpfung von zwei Aspekten erforderlich:

- Die Führungskraft arbeitet an der eigenen Weiterentwicklung. »Nur wer sich selbst führen kann, kann auch andere Menschen führen« – dieses Statement wird Peter F. Drucker zugeschrieben. Demnach beginnt Mitarbeiterführung stets bei der Selbstführung – und Mitarbeitercoaching beim Selbstcoaching. Nur wer sich selbst kennt und seine Wirkung auf andere angemessen einschätzt, kann als Vorbild vorangehen und Mitarbeitende dabei unterstützen, ihre Persönlichkeit und alle Potenziale zu entfalten und das Beste aus sich heraus zu entwickeln.

- Auf der Basis des konstruktiven Umgangs mit sich selbst erarbeitet die Führungskraft Strategien und Methoden, um mit den Mitarbeitenden partnerschaftlich und kooperativ zu interagieren: als unterstützender Coach auf Augenhöhe und mit Wertschätzung, Akzeptanz und Respekt, aber auch mit zielorientierter Leistungserwartung. Dabei darf und soll der Spaß an der Arbeit nicht zu kurz kommen.

Damit ist die grundlegende Idee zu diesem Buch geboren: Konzepte zur generationenbezogenen Führung führen in eine Sackgasse. Auf der Vorfahrtsstraße bleiben Führungskräfte, die mit wert*e*schätzendem Coaching der Individualität der Menschen gerecht werden. Menschen statt Generationen: Was das genau bedeutet, erfahren Sie im ersten Teil und den Kapiteln 1 bis 3 dieses Buches.

Im Fokus des zweiten Teils und der Kapitel 4 bis 9 steht Ihre persönliche Weiterentwicklung, Ihre Selbstführung, Ihre Persönlichkeitsentfaltung, der Auf- und Ausbau Ihrer Stärken und Potenziale. Sie entwickeln sich zu dem Menschen, der Sie wirklich sind. »So gehen Sie wert*e*schätzend mit sich selbst um« – das ist das handlungsleitende Motto des zweiten Teils. Insofern richtet sich der zweite Teil nicht nur an Führungskräfte, sondern an jeden Menschen, der an seiner Weiterentwicklung arbeiten will.

Der dritte Teil mit den Kapiteln 10 bis16 bietet Ihnen Umsetzungshinweise für Ihre Führungsarbeit. Das Motto lautet jetzt: So gehen Sie wert*e*schätzend mit Ihren Mitarbeitenden um. Mit wert*e*schätzendem Coaching unterstützen Sie jeden Ihrer Mitarbeitenden, sich zu dem Menschen zu entwickeln, der er sein will, und seine persönlichen Stärken und Potenziale aufzubauen. Selbst wenn Sie zum Zeitpunkt der Lektüre dieses Buches noch nicht in Führungs- und Personalverantwortung stehen: Nutzen Sie die Kapitel des dritten Teils, um sich auf eine wert*e*schätzende Führungsarbeit und ein wert*e*schätzendes Coaching vorzubereiten.

Bleibt der Inhalt des vierten Teils: Daraus möchte ich (noch) ein kleines Geheimnis machen, denn in Kapitel 17 verbinde ich die verschiedenen Fäden, die ich in den Teilen 1 bis 3 gelegt und geknüpft habe, miteinander zu einem generationenübergreifenden Coaching- und Führungskonzept und einer Führungsformel, die es in sich hat.

Wie Sie mit diesem Buch optimal arbeiten

Um Ihnen die Umsetzung meiner praxisorientierten Lösungen zu erleichtern, wird jedes Kapitel mit einem Kapitelcheck eingeleitet und einem Fazit abgeschlossen. Im Check erhalten Sie eine kurze Übersicht zu den Kapitelinhalten, Sie erfahren, welchen Nutzen Ihnen das Kapitel bringt. Wichtige Inhalte habe ich als Schlüsselsätze hervorgehoben. Zahlreiche Beispiele und Checklisten verstärken die Praxisausrichtung.

Mein Ziel ist, dass der praxisorientierte Aufbau Sie motiviert, die Inhalte auf Ihre individuelle Situation zu beziehen. Dazu erhalten Sie immer wieder Zeit und Raum zur Selbstreflexion. Unter dem Stichwort »Nehmen Sie sich Zeit zur Selbstreflexion« unterbrechen Sie Ihre Lektüre und beziehen das Gelesene auf Ihre eigene Situation. Ich empfehle Ihnen dazu, sich ein **Reflexions-Notizbuch** anzuschaffen und dort Ihre Überlegungen und Gedanken zu notieren. Gerne können Sie dazu auch mit mir in den Austausch gehen.

Für mich ist die Gleichberechtigung aller Geschlechter eine Selbstverständlichkeit. Darum wechsle ich munter zwischen der weiblichen und männlichen Form. Oder nutze neutrale Bezeichnungen. Manchmal ist die Verwendung des generischen Maskulinums wegen der Lesbarkeit des Textes die beste Alternative. Aber natürlich meine ich immer alle Leserinnen und Leser.

Dankeschön!

Grundlegende Aspekte der Selbst- und Menschenführung mithilfe von Coaching – ich bin nicht der Erste, der das vorschlägt. »Erkenne dich selbst und erkenne die Welt«: Der erste Punkt findet sich bereits in der berühmten Inschrift des Apollotempel zu Delphi wieder, die mit »Erkenne dich selbst« oder »Erkenne, was du bist« übersetzt wird. Klar aber ist: Der Ansatz muss endlich umgesetzt und mit Führungsleben gefüllt werden. Damit dies gelingt, ist dieses Buch als praxisorientierter Ratgeberleitfaden aufgebaut, in den neben meinen persönlichen Erfahrungen die Einschätzungen und Erfahrungen vieler meiner Kundinnen und Kunden eingeflossen sind. Wo immer möglich, kommen sie in Statements zu Wort.

Diesen Entscheidungs- und Verantwortungsträgern – aus den verschiedensten Branchen und Unternehmensbereichen – ist es gelungen, auf dem Weg zu einer generationenübergreifenden Führung und einem werteschätzenden Coaching entscheidende Schritte voranzukommen. Ich bedanke mich recht herzlich bei ihnen für ihre tatkräftige, freundliche und werteschätzende Unterstützung bei der Verfassung dieses Buches! Es war mir eine Freude und Ehre – und darum finden Sie die Namen dieser Menschen in der folgenden Übersicht in alphabetischer Reihenfolge:

- Christian Adolff, HANSETRANS (Hanseatische Transportgesellschaft mbH, Hamburg), 1967, Generation X
- Karsten Dreger, Dion Betriebs- u. Management GmbH, 1967, Generation X
- Nico Hagmaier, TUI BLUE, 1996, Generation Y
- Cederic Haß, Füchse Berlin Reinickendorf, 1997, Generation Z
- Gabriele Heib, Keck & Lang GmbH, 1969, Generation X
- Antje Horst, SensCity Hotel Berlin, 1982, Generation Y
- Klaus Hünerkopf, HÜNERKOPF GmbH & Co. KG, 1966, Generation X

- Thomas Keppler, Consultant, Ex-CEO & Lifelong Learner, 1967, Generation X
- Jessica Löhr, KRIEGER, Steuerberater und Wirtschaftsprüfer, 1982, Generation Y
- Thomas Ludwig, Global E-Commerce, 1987, Generation Y
- Abdullah Maywand, CSM Maywand Hausmeisterservice, 1980, Generation X
- Hannes Runge, Vibracoustic SE & Co. KG, 1986, Generation Y
- Eike Scheibenhofer, medi GmbH & Co. KG, 1969, Generation X
- Thomas Schmitt, KRIEGER, Steuerberater und Wirtschaftsprüfer, 1964, Babyboomer
- Frank Steffel, Steffel Management & Beteiligungen GmbH, Sportverein Füchse Berlin, 1966, Generation X
- Werner Wischnewski, Werner Wischnewski Coaching, 1970, Generation X
- Dörthe Wittmann, Vibracoustic SE & Co. KG, 1974, Generation X

Und damit wollen wir loslegen.

Teil 1
Die Grundlagen des werteschätzenden Coachings

Darum geht es: Im Fokus steht die Beantwortung der Fragen,

- warum manche die generationenbezogene Führung für notwendig erachten, sie aber im Prinzip kontraproduktiv und unsinnig ist,
- wie Führung in Post-Coronazeiten ausschaut – beziehungsweise ausschauen sollte, und
- welche zehn werteschätzenden Coachingprinzipien es gibt.

1 Menschen statt Generationen

Kapitelcheck

Übersicht zu den wichtigsten Kapitelinhalten

Sie erhalten eine Kurzübersicht zu den Generationen mit ihren wichtigsten Merkmalen und Eigenschaften. Das »Pro und Contra« einer generationenbezogenen Führung wird diskutiert.

Ihr Nutzen

Sie reflektieren Ihre Haltung zur generationenbezogenen Führung und prüfen, inwiefern die Alternative des Führungsansatzes »Jenseits der Generationen von Mensch zu Mensch« für Sie von Bedeutung ist.

Vom Sinn und Unsinn der generationenbezogenen Führung

März 2024, Nach-Coronazeit: Ich sitze in der Fahrerkabine meines nun wieder als Coaching- und Businessmobils genutzten Fünftonners, den ich zum Eingang des Konzernsitzes eines börsennotierten Unternehmens lenke. Gleich wird mein Coachee zusteigen, einer der drei Geschäftsführer, mit dem ich gestern ein Blitz- und Intensivcoaching von knapp einer Stunde vereinbart habe. In dem Gespräch soll es um die generationenbezogene Führung gehen, einen Ansatz, der darauf abzielt, die unterschiedlichen Erwartungen, Arbeitsstile und Werte der verschiedenen Generationen in einem Unternehmen zu berücksichtigen.

Das Coaching mit dem Geschäftsführer findet in Hamburg statt. Nennen wir ihn im Folgenden der Einfachheit halber Stefan

Müller. Ich fahre mit Stefan Müller an die Elbe – so können wir bei Bedarf aussteigen, an der frischen Luft die Gedanken schweifen lassen. Ich merke, wie der Coachee auftaut, weil das Coaching nicht im Büro oder an einem der üblichen Businessorte stattfindet, wo das Abschalten schwerfällt. Stefan Müller macht aus seinem Herzen keine Mördergrube. »Herr Hagmaier, ich habe jeden Tag mit sehr unterschiedlichen Mitarbeitenden zu tun. Das fängt an bei der jungen IT-Expertin, die sich mit Künstlicher Intelligenz hervorragend auskennt, aber eine Sprache spricht und Begriffe verwendet, bei denen ich oft passen muss. Ihre Vorbilder sind irgendwelche Influencerinnen und YouTube-Stars. Direkt daneben sitzt der Kollege, der Vertriebschef, der kurz vor der Rente steht. Ein klassischer Workaholic, der sich sehr mit seiner Arbeit identifiziert. Leistungswille und Leistungsbereitschaft schreibt er groß, er blickt auf einen faszinierend steilen Karriereweg zurück. Und mittendrin der knapp 50-jährige Teamleiter, von dem ich weiß, wie wichtig ihm die finanzielle Sicherheit und die Absicherung fürs Alter sind. Er hat schon öfter den Arbeitgeber gewechselt und dabei stets auf eine ausgeglichene Work-Life-Balance und die Trennung von Privat- und Berufsleben geachtet. Ich versuche, bei meiner Führungsarbeit auf die unterschiedlichen Charaktere einzugehen, die drei gehören ja vollkommen unterschiedlichen Generationen an. Das fällt mir sehr schwer. Haben Sie einen Tipp für mich, wie ich mich verhalten soll?«

Von den Babyboomern bis zur Generation Alpha

Damit wir Klarheit in der Diskussion haben und über eine gemeinsame Grundlage verfügen, verschaffen sich Geschäftsführer Stefan Müller und ich erst einmal einen Überblick: Wovon reden wir überhaupt? Die meisten Wissenschaftler und Forscher sprechen von vier Generationen, denen sie bestimmte Eigenschaften, Werte, Überzeugungen und Einstellungen zuschreiben – wobei uns natürlich vor allem die Aspekte interessieren, die mit der

Arbeitswelt in einem Zusammenhang stehen. Diese vier Generationen sind (wobei die Jahreszahlzuordnungen schwanken):

- die Babyboomer, die zwischen 1946 und 1964 geboren sind,
- die Generation X, geboren zwischen 1965 und 1980,
- die Millennials oder die Generation Y, geboren zwischen 1981 und 1996, und
- die Gen Z (Generation Z), geboren zwischen 1997 und 2012.

Hinzu kommt die Generation Alpha, also die seit 2013 geborenen Kinder und Jugendlichen. Sie sind von Geburt an sehr technologieaffin und gelten als bildungshungrig und global vernetzt. Sie wachsen mit Künstlicher Intelligenz auf und stehen mit virtuellen Umgebungen auf Du und Du, erwarten sofortiges Feedback und legen Wert auf Umwelt- und Sozialthemen – soweit wir dies bei so jungen Menschen überhaupt schon sagen können.

Den Babyboomern hingegen werden die Merkmale »loyal«, »diszipliniert« und »arbeitsethisch stark« zugeschrieben. Sie legen Wert auf Stabilität, bevorzugen die persönliche Kommunikation und streben nach langfristigem Erfolg. Ein Babyboomer schätzt es, wenn sich seine Führungskraft regelmäßig Zeit für persönliche Gespräche nimmt, seine langjährige Erfahrung anerkennt und diese auch nutzen und einsetzen möchte. Weil die Babyboomer – Stand jetzt, im Jahr 2025 – sich oft bereits in Rente oder in Pension befinden, spielen sie bei der Frage, wie sie sich unter generationenbezogenen Kriterien zielorientiert führen lassen, eine immer geringfügigere Rolle. Besonderes Interesse kommt hingegen den Generationen X, Y und Z zu. Der Grund liegt auf der Hand: Deren Vertreter machen einen großen Teil der arbeitenden Bevölkerung aus, weswegen sich viele Bücher und Artikel sowie Beiträge im Internet mit der Frage beschäftigen, wie sich die Mitglieder dieser Generationen am besten motivieren und führen lassen.[1]

Die Generation X (1965 – 1980)

Die Generation X wird auch die »Generation Golf« genannt und gilt als eher pessimistische und oft auch orientierungslose Generation. Prägende Erfahrungen waren hohe Arbeitslosenquoten, Wirtschaftskrisen und ein großer Wettbewerbsdruck in der Wirtschaft. Kein Wunder also, dass für sie die Arbeit nicht mehr den größten Stellenwert einnimmt. Wichtig ist der Generation Golf vor allem ihre Unabhängigkeit. Sie gelten als pragmatisch und technologieaffin, weil sie mit Computern und Videospielen aufgewachsen sind. Der Umgang mit der Digitalisierung fällt ihnen allerdings oft schwer. Sie achten auf die Work-Life-Balance und bevorzugen flexible Arbeitszeiten, auch, um ihr Arbeits- und ihr Privatleben zu harmonisieren. Autoritäten treten sie skeptisch entgegen.

Für das Arbeitsleben gilt, dass die Generation X flexibel arbeiten will und die Betreuung eigenständiger Projekte bevorzugt. Sie braucht genügend Freiraum, um kreativ zu sein. Als wichtige Werte gelten Unabhängigkeit, Individualismus und Sinnsuche.

Nehmen Sie sich Zeit zur Selbstreflexion

Greifen Sie zu Ihrem Reflexions-Notizbuch:

- Kennen Sie einen typischen Vertreter der Generation X? Wie sind Sie bisher mit ihm umgegangen?
- Kennen Sie Menschen, die diesem Vertreter der Generation Golf ähneln, aber einer anderen Generation entstammen? Falls ja: Woran liegt das?

Die Generation Y (1981 – 1996)

Die Millennials sind bereits Kinder der Digitalisierung und des Internets, gelten jedoch noch nicht als Digital Natives, immerhin aber als technologisch versiert. Sie sind teamorientiert und legen

Wert auf moralisch, ethisch und ökologisch legitimierte Verhaltensweisen. Ihre Werteorientierung führt dazu, dass sie ständig alles hinterfragen und anzweifeln, natürlich auch in der Arbeitswelt. Darum trägt diese Generation auch den Namen »Why«, also »Warum?«.

Die konsumkritischen Ypsiloner stellen die Frage nach dem Sinn und Zweck ihrer Arbeit, interessieren und engagieren sich für umweltbezogene und sozialpolitische Themen und bevorzugen kollaborative Umgebungen, die ein gemeinsames Arbeiten im Team ermöglichen. Zudem sind sie sehr an ihrer persönlichen und beruflichen Entwicklung interessiert. Sie fordern regelmäßiges Feedback ein und arbeiten gern in Projekten, die einen nachhaltigen Einfluss auf die Gesellschaft ausüben. Als entscheidende Werte gelten Teamwork, Achtsamkeit, Optimismus und Gegenwartsbezug.

Von ihren Arbeitgebern erwarten die Ypsiloner vor allem eine gute Arbeitsatmosphäre und die Möglichkeit, Arbeit und Freizeit sowie Familie und Beruf miteinander zu vereinbaren. Es folgen die langfristige Sicherheit des Arbeitsplatzes und gute Führung.

Während die Generation X unter hohen Arbeitslosenzahlen litt, durften sich die Millennials über die Anfänge des War for Talents freuen – auf dem Arbeitsmarkt hatten sie bei der Jobsuche oft die Qual der Wahl.

Übrigens: Während ich diese Zeilen schreibe, scheint eine neue Studie zu belegen, wie unsinnig es ist, in Generationenschubladen zu denken. Galten die Millennials bisher als Idealisten, denen ein Job mit Sinn, der Spaß macht, besonders wichtig sei, heißt es nun: »Laut dem People at Work, für den das ADP Research Institute mehr als 35 000 Beschäftigte weltweit befragt hat, haben junge Menschen inzwischen andere Prioritäten. Nur 26 Prozent der 25- bis 34-jährigen Personen nannten in der Studie die Freude an der täglichen Arbeit als wichtigen Entscheidungsfaktor bei der Wahl ihres Jobs. Bei den 18- bis 24-Jährigen, also bei der Generation Z, ist der Wert mit 28 Prozent nur geringfügig höher.«[2] Das ist ein deutlicher Hinweis auf die Unzulässigkeit jener Generationenschubladen, die den Generationen stereotype Merkmale und Eigenschaften zuschreiben.

Nehmen Sie sich Zeit zur Selbstreflexion

Greifen Sie zu Ihrem Reflexions-Notizbuch:

- Kennen Sie einen typischen Vertreter der Generation Y? Wie sind Sie bisher mit ihm umgegangen?
- Kennen Sie Menschen, die diesem Vertreter der Millennials ähneln, aber einer anderen Generation entstammen? Falls dies der Fall ist: Woran liegt das?

Die Generation Z (1997 – 2012)

Die Digital Natives der Gen Z denken und handeln sicherheits- und stabilitätsorientiert und stellen hohe Erwartungen an die Technologie. Sie bevorzugen schnelle Kommunikation und sind besonders produktiv, wenn sie mit den neuesten Kommunikationsmedien arbeiten können und klare, strukturierte Aufgaben erhalten: Die Gen Z kennt keine Welt ohne neue Technologien. Ein Leben ohne Smartphone, YouTube, Instagram & Co. ist möglich, aber sinnlos – so ihre Haltung. Darum sprechen wir auch von der Generation YouTube.

Zu den wichtigen Werten zählen Vernetzung, Diversität und nachhaltiges Arbeiten (Corporate Social Responsibility). Karriere wird für die jungen Leute erst relevant und zum Thema, wenn sie in der Arbeit einen höheren Sinn erkennen können. Bemerkenswert ist die Rückkehr der Post-Millennials zu eher traditionellen Werten. Die kommunikative Rundum-Erreichbarkeit trifft auf Ablehnung, das Privatleben ist ihnen wichtig, weswegen Spaß und Freude am Leben als wertvoller bewertet werden als der

Erfolg im Beruf. Dieser fällt ihnen auf einem oft leergefegten Arbeitsmarkt, auf dem sie eine neue Macht genießen, recht leicht. Aber oft wünschen sie sich diesen Erfolg gar nicht.

Kreativität, Nachhaltigkeit und Sinnsuche zählen zu den wichtigen Werten. Von ihren Arbeitgebern erwartet die Gen Z vor allem eine gute Arbeitsatmosphäre. Danach folgen die angemessene Balance von Arbeit und Freizeit, gute Führung, sinnvolle Arbeit und schließlich die langfristige Sicherheit des Arbeitsplatzes. Angesichts einer oft unüberschaubaren Bandbreite an Möglichkeiten will die Gen Z oft alles – und das mit Haut und Haaren. So kommt es zu Widersprüchen – ein Bespiel: Die jungen Menschen streben nach festen Arbeitszeiten und höchstmöglicher Flexibilität bei freier Zeiteinteilung.

Nehmen Sie sich Zeit zur Selbstreflexion

Greifen Sie zu Ihrem Reflexions-Notizbuch:

- Kennen Sie einen typischen Vertreter der Generation Z? Wie sind Sie bisher mit ihm umgegangen?
- Kennen Sie Menschen, die diesem Vertreter der Digital Natives ähneln, aber einer anderen Generation entstammen? Falls ja: Welche Gründe dafür gibt es?

Zuerst kommt der Mensch, dann die Generationenzugehörigkeit

Stefan Müller, jener Geschäftsführer des Konzerns in Hamburg, und ich sind uns einig: Sicherlich trifft es zu, dass Menschen, die unter ähnlichen gesellschaftlichen und politischen Verhältnissen und Bedingungen aufwachsen und eine Prägung durch ähnliche Erlebnisse erfahren, dann auch ähnliche Wertevorstellungen haben, ähnliche Lebenspläne entwickeln und sich vergleichbare

Ziele setzen. Aber die sozialen Beziehungen und die Umfeldbedingungen spielen doch eine zu große Rolle, als dass (so gut wie) alle Mitglieder einer Generation über einen Kamm geschoren werden dürfen. So entstehen unfaire Verallgemeinerungen, die dem einzelnen Menschen nicht gerecht werden. Generalisierende 08/15-Führungsrezepte helfen darum nicht weiter.

Statement von Thomas Schmitt, KRIEGER, Steuerberater und Wirtschaftsprüfer, Jahrgang 1964. Thomas Schmitt gehört den Babyboomern an.

»Als Führungskraft und Unternehmer haben Sie nie mit einer homogenen Gruppe zu tun, sondern mit unvergleichlichen Individuen, deren Individualität es anzuerkennen und wertzuschätzen gilt.«

Allein schon die Methode, Millionen von Menschen in klar voneinander abgegrenzte Schubladen zu stecken, ist höchst zweifelhaft. Wenn ich zum Beispiel am 31.12.1964 geboren worden bin und zu den Babyboomern zähle, gehören Loyalität, Disziplin und ein starkes Arbeitsethos, das mich immer wieder auch mal zehn oder zwölf Stunden im Büro sitzen lässt, zu meinen Eigenschaften? Wenn ich jedoch am 01.01.1965 das Licht der Welt erblickt habe, lege ich Wert auf Unabhängigkeit und eine Work-Life-Balance, die mich jeden Tag um Schlag 17 Uhr nach Hause treibt? Ist doch verrückt – oder?

Sicher, die Beispiele sind nicht ganz fair, weil es zwischen den Generationen selbstverständlich gewisse Ähnlichkeiten gibt. Aber liegen nicht auch enorme Unterschiede vor? Um in der Schubladen-Metaphorik zu bleiben: Herrscht nicht in jeder Generationenschublade das wilde Chaos unterschiedlicher Charaktere?

Nehmen wir als Beispiel die Generation Z. Es gibt viele junge Leute, die sich politisch und klimabewegt engagieren. Sie gehen für ihre Zukunft auf die Straße, kleben sich irgendwo fest und riskieren Haftstrafen. Andererseits hat die Europawahl 2024 gezeigt, dass einige Jugendliche streng konservativ, ja auch politisch eher rechtsgerichtet orientiert sind. Wiederum andere haben mit politischem Engagement überhaupt nichts am Hut!

Die Sinus-Studie »Wie ticken Jugendliche 2020?«[3] belegt, dass die Jugendlichen zum Beispiel trotz ihrer Zukunftsängste zu einem Großteil mit ihrem Alltagserleben zufrieden oder sehr zufrieden sind. Sie sehnen sich nach einer »bürgerlichen Normalbiografie«, wie es in der Studie heißt.

Klimabewegte Fridays-for-Future-Jugendliche, Letzte-Generation-Kleber, rechtsgerichtete Verweigerer, YouTube-Fans – solche unterschiedlichen Generationenvertreter und einige mehr tummeln sich in derselben Schublade »Generation Z«. Und lässt sich Ähnliches nicht über alle Generationen sagen?

Gewiss: Generationenforscher betonen, es komme zu einer hohen Streuung innerhalb einer Generation – sie sprechen dann von der sogenannten Intragenerationsvarianz.[4] Trotzdem verfestigt sich in der Alltagsdiskussion die Überzeugung, wir hätten es mit gleichförmigen und einheitlichen Generationen zu tun, deren Mitglieder sich sehr stark ähneln. Wenn dieses verallgemeinernde Denken auf den Führungsetagen Einzug hält, droht eine große Gefahr: Eine erfolgreiche Führungsarbeit ist kaum mehr möglich, weil auf den einzelnen Mitarbeitenden keine Rücksicht genommen werden kann. Der einzelne Mensch verschwindet in der Masse, wird unsichtbar und wird von der Führungskraft nicht mehr gesehen.

Während unseres Coachingspaziergangs an der Elbe kommen Stefan Müller und ich zu diesem Ergebnis: Das Gerede von den ach so verschiedenen und unterschiedlichen Generationen ist kontraproduktiv. Wir sollten alle Menschen als individuelle Wesen betrachten, unabhängig davon, in welcher Dekade sie geboren wurden. Der Geschäftsführer und ich stimmen überein:

Zuerst der Mensch, dann die Generationenzugehörigkeit!

Erst in einem zweiten oder gar dritten Schritt sollte die Generationenzugehörigkeit eine Rolle spielen. Stefan Müller sagt dazu: »Okay, ich will demnächst bei meiner Führungsarbeit gar nicht mehr so darauf achten, zu welcher Generation die junge IT-Expertin, der Workaholic-Vertriebschef und der 50-jährige, auf Sicherheit erpichte Teamleiter gehören. Ich schätze sie alle drei zuallererst als Menschen und Individuen. Ich möchte ihre individuellen Motivatoren, ihren persönlichen Antrieb sowie ihre Wertevorstellungen im direkten Vieraugengespräch kennenlernen. Daran will ich meine Führungsarbeit ausrichten – und nicht mit einem vorgefertigten Raster und Beurteilungsschema an sie herantreten. Denn damit würde ich ihrer Individualität nicht gerecht werden können.«

Ich stimme dem Geschäftsführer zu. Eine Führungskraft sollte ihre Führungsarbeit nicht von dem abhängig machen, was im Personalausweis einer Mitarbeiterin oder eines Mitarbeiters steht, sondern von dem persönlichen Gespräch mit der Person und den individuellen Eindrücken, die sie sich in der Begegnung »von Mensch zu Mensch« verschafft hat.

Nehmen Sie sich Zeit zur Selbstreflexion

Greifen Sie zu Ihrem Reflexions-Notizbuch:

- Was halten Sie von einem Führungskonzept, das nicht die Generationenzugehörigkeit adressiert (oder in anderen Schablonen und Schubladen denkt), sondern den persönlichen und werteschätzenden Zugang zu dem einzelnen Menschen oder Mitarbeiter in den Fokus rückt?
- Welche Konsequenzen würde dies für Ihr Führungshandeln nach sich ziehen?

Was Stefan Müller und ich in dem Coachingdialog an der Elbe auch feststellen: Der werteschätzende Führungsansatz »Jenseits der Generationen von Mensch zu Mensch« oder auch »Menschen statt Generationen« ist nicht grundlegend neu. Es handelt sich eher um ein »Back to the Roots« als um ein revolutionär neues Führungskonzept. Es geht um ein evolutionär gewachsenes Führungsverständnis, das Führung nicht vollkommen neu denkt, sondern sich aus dem Bewährten und Bekannten herausentwickelt und entfaltet und auf dem fußt und aufbaut, das bisher gut funktioniert hat.

Allerdings gibt es einen Stolperstein, der in jüngster Zeit für ein Umdenken gesorgt hat: die Coronapandemie mit all ihren Konsequenzen für die Führungskräfte, die sich zuerst während der Pandemie und dann auch in der Post-Coronazeit neuen Rahmenbedingungen anpassen und neuen Herausforderungen stellen mussten. Und darum handelt das nächste Kapitel von der »Führung in der Post-Coronawelt«.

Fazit: Das Wichtigste im Überblick

- Generationenbezogene Führung hat – wie alle Führungskonzepte, die auf Schubladendenken basieren – mehr Nach- als Vorteile.
- Darum ist es zielführender, über die Umsetzung des Führungsansatzes »Jenseits der Generationen von Mensch zu Mensch« nachzudenken. Dabei gilt das Motto: »Menschen statt Generationen«.

Was Sie jetzt sofort tun sollten

- Reflektieren Sie Ihre Haltung zur generationenbezogenen Führung.
- Verdeutlichen Sie sich die Vorteile des Führungsansatzes »Jenseits der Generationen von Mensch zu Mensch«.

2 Führung in der Post-Coronawelt – aber bitte individuell!

Kapitelcheck

Übersicht zu den wichtigsten Kapitelinhalten

In diesem Kapitel erfahren Sie, dass gerade in Post-Coronazeiten das individuelle und mitarbeiterbezogene Führen der richtige Weg ist, um Unternehmensziele zu erreichen.

Des Weiteren lernen Sie, wie Sie Ihre Mitarbeitenden und Teams in Post-Coronazeiten in einer hybriden Arbeitswelt effektiv führen. Sie erhalten Tipps zur Umsetzung von hybriden Arbeitsmodellen und zur Erfüllung der neuen Erwartungen an Führungskräfte.

Ihr Nutzen

Sie erhalten umsetzungsorientierte Hinweise zu zentralen Führungsleitlinien in der Post-Coronawelt.

Schlechte Führung auf dem Arbeitnehmermarkt ist tödlich

Geschäftsführer Stefan Müller und ich besprechen auf unserem Coachingspaziergang neben der Unsinnigkeit einer generationenbezogenen Führung ein weiteres Problemfeld, auf dem das Motto »Menschen statt Generationen« eine Rolle spielt. Es sind Herausforderungen, die im Zuge der Pandemie auf viele Unternehmer, Entscheider und Führungskräfte geradezu zugerast sind und einer raschen Lösung bedurften. Eine der Lösungen bestand in der Arbeit im Homeoffice. Vielleicht mussten auch Sie lernen, als Digital Leader »remote« und aus der Ferne zu führen und zu den Mitarbeitenden über die Distanz hinweg eine vertrauensvolle Beziehung aufzubauen, um sie »von PC zu PC« motivieren zu können.

Mittlerweile wollen und sollen die Mitarbeitenden wieder ins Büro zurückkehren, sodass hybride Arbeitsmodelle immer mehr an Bedeutung gewinnen. Dabei werden klassische Offlineführung »von Angesicht zu Angesicht« und moderne Onlineführung, die mithilfe digitaler Medien stattfindet, miteinander kombiniert. Aber auch das hybride Arbeiten schafft nicht nur Vorteile, sondern auch Nachteile. Wie könnte es auch anders sein. Konkret: Wie lässt sich zum Beispiel ein Meeting konstruktiv und effektiv durchführen, wenn einige Mitarbeitende im Homeoffice und andere im Büro sitzen? Auf solche und ähnliche knifflige Fragen sollten praxisnahe Lösungen gefunden werden.

Stefan Müller und ich stellen fest, dass es sich wiederum keineswegs um eine generationenbezogene Problemstellung handelt. Denn sowohl einige Mitarbeitende der Generation X als auch Babyboomer freuen sich über das bisher eher unbekannte und ungewohnte Arbeiten im Homeoffice. Also keineswegs nur die jüngeren Mitarbeitenden. Auch so mancher Grauschopf hat auf seine alten Tage den Reiz des Arbeitens »von zu Hause aus« schätzen gelernt. Andererseits gilt: Einige Digital Natives und internetaffine Ypsiloner sind durchaus froh, ihren Homeoffices entfliehen und endlich einmal ihr Bedürfnis nach sozialen Kontakten im Büro pflegen zu können. Mit anderen Worten:

Die Post-Coronawelt ist ebenso wenig schwarz-weiß gemalt wie die Vor-Coronawelt. Vielmehr ist sie kunterbunt wie ein Kaleidoskop und bietet zahlreiche Schattierungen, Abstufungen und Nuancen.

Arbeitgeber, die dies erkannt haben, gehen nicht generationenbezogen vor, sondern versuchen vielmehr, den einzelnen Mitarbeitenden nach dem Motto »Jenseits der Generationen von Mensch zu Mensch« genau dort abzuholen, wo er steht. Diese Notwendigkeit existiert auch aufgrund der bereits angedeuteten neuen Macht der Arbeitnehmer, die immer mehr zunimmt: Wir befinden uns auf einem Arbeitnehmermarkt. In diesem Zusammenhang gewinnt das Employer Branding eine neue Dimension: Die Unternehmen müssen allein schon aus Eigennutz begreifen und lernen, dass es im Recruiting nicht mehr um die Beantwortung der Frage geht, was die zukünftigen Mitarbeitenden für das Unternehmen tun können. Nein – die Fragestellung hat sich mittlerweile umgekehrt:

Unternehmer, Entscheider und Führungskräfte müssen sich fragen, was sie, was das Unternehmen für die Mitarbeitenden tun kann!

Konsequenzen für den War for Talents

Wer dies nicht einsehen und akzeptieren kann oder will, steht im War for Talents auf verlorenem Posten und wird gerade die motivierten und leistungsbereiten Mitarbeitenden weder überzeugen und begeistern noch für sich gewinnen und halten können. Den kompetenten und top ausgebildeten leistungsstarken Mitarbeitenden liegen oft mehrere Arbeitsangebote vor, zwischen denen sie sich entscheiden können. Und das tun sie auch, zumal die frühere obligatorische Arbeitgeberbindung immer mehr aufweicht.

Denn dass Mitarbeitende »ihrem Unternehmen« bedingungslos die Treue halten, gehört nicht mehr zu den Selbstverständlichkeiten und kommt nicht mehr so häufig vor wie in früheren Zeiten. Das allerdings hat nicht nur mit Post-Coronazeiten zu tun. Seit vielen Jahren schockiert die Beratungsagentur Gallup mit verstörenden

Zahlen zur emotionalen Bindung deutscher Arbeitnehmer an ihr Unternehmen. Demnach ist es schlecht bestellt um die emotionale Bindung, viele Mitarbeitende befinden sich sogar im Status »Innerlich gekündigt«! Dazu nur ein Zitat: »Insgesamt stimmt nur knapp über die Hälfte der Arbeitnehmenden (53 %; 2022: 55 %) vollständig der Aussage zu, in einem Jahr noch bei ihrem derzeitigen Unternehmen sein zu wollen. Damit setzt sich der konsequente Abwärtstrend der letzten fünf Jahre weiter fort: 2018 hatten noch 78 Prozent diese Aussage uneingeschränkt bejaht. Der Anteil derjenigen, die angeben, ohne Wenn und Aber in drei Jahren noch in ihrem Unternehmen sein zu wollen, ist im Laufe der Jahre ebenso dramatisch geschrumpft.« Das heißt: Immer weniger Mitarbeitende fühlen sich emotional an ihren Arbeitgeber gebunden. In Deutschland sind es weniger als 20 Prozent.[1]

Die erschreckende emotionale Nicht-Bindung deutscher Arbeitnehmer findet ihre Erklärung vor allem in einer mangelhaften Führungskultur, die von den Mitarbeitenden als Grund für die innere Distanzierung angegeben wird. Verantwortlich seien demnach schlechtes Management und schlechte Führung.

Den Menschen fällt es in der Konsequenz vergleichsweise leicht, den Job zu wechseln. Und das ist in Zeiten des Fachkräftemangels eine verheerende Entwicklung.

Umso zentraler ist die Notwendigkeit eines werteschätzenden Coachings und einer werteschätzenden Führung, die endlich ernst machen mit der Forderung, den Mitarbeitenden mit all seinen Erwartungen, Hoffnungen und Wünschen in den Mittelpunkt zu rücken. Es geht darum, ihm die Entfaltung und Entwicklung seiner Talente, Potenziale und Kompetenzen zu ermöglichen – und zwar in einem Arbeitsumfeld, das dafür sorgt, dies mit Spaß und Freude tun zu können.

DIE faule Generation gibt es nicht

Die Qualität der Führung wird in der Frage der Mitarbeiterzufriedenheit und der Mitarbeiterbindung zu einem immer wichtigeren Faktor. Natürlich: Die Art und Weise, wie eine Führungskraft agiert und den Zugang zu den Mitarbeitenden findet, war schon immer erfolgsentscheidend. Aber nie war eine mitarbeiterorientierte werteschätzende Führung so wertvoll wie heute.

Dies belegt ein konkretes Beispiel: Der Generation Z wird nachgesagt, dass sie keine richtige Lust auf Leistung und Arbeit mehr habe. Die Vorwürfe reichen hin bis zu einer unverantwortlichen Haltung – sogar von der faulen Generation Teilzeit ist die Rede. Aber ist in Wahrheit dieses Phänomen nicht (auch) eine unausweichliche Folge eines miserablen und schlechten Führungshandelns, das immer noch allzu sehr auf Vorgaben und Anweisungen setzt, ohne Spielraum für eigene kreative Entscheidungen und selbstverantwortliches Handeln zu eröffnen? Anja Weber, die Landeschefin des Deutschen Gewerkschaftsbundes (DGB) in Nordrhein-Westfalen, wird im Juni 2024 in der Rhein-Sieg Rundschau wie folgt zitiert: »Nicht der übertriebene Wunsch nach Work-Life-Balance, sondern Überlastung ist der Grund dafür, warum Arbeitnehmer weniger arbeiten als sie eigentlich könnten.« Weiter heißt es: »Der DGB-Index ›Gute Arbeit‹ fördert zutage, dass sich jeder Zweite im Job gehetzt fühlt. (...) Über alle Branchen finden nur 16 Prozent der Beschäftigten, dass sie unter guten Arbeitsbedingungen tätig sind. 15 Prozent finden sie sogar ausdrücklich schlecht. Dabei wird der ›Sinn der Arbeit‹ eigentlich sehr hoch bewertet. Untechnisch gesprochen: Die meisten Beschäftigten finden es wichtig und erfüllend, was sie tun. Aber vor allem Zeitdruck, schlechte Arbeitszeiten, geringe Bezahlung und schlechte Altersabsicherung machen ihnen häufig zu schaffen.«[2] Und natürlich gehören die Arbeitsbedingungen zu den Faktoren, auf die die Führungskräfte einen großen Einfluss haben und die mit der Führungskultur, die in einem Unternehmen herrscht, zusammenhängen.

Der Unterschied der Post-Coronazeit zur Vor-Coronazeit besteht primär darin, dass nun oft ALLEN Mitarbeitenden neue Reaktionsmöglichkeiten zur Verfügung stehen. Im (aus Unternehmenssicht) schlimmsten Fall kündigen die Mitarbeitenden halt und gehen – und zwar zu einem Arbeitgeber, der sie wirklich wertschätzt und bei denen der Mensch tatsächlich im Mittelpunkt und nicht im Weg steht.

Ich wage die These: Werteschätzendes Coaching und werteschätzende Führung würden nicht nur die Generation YouTube und die Millennials, also die Jüngeren und Jungen, sondern die Mitarbeitenden insgesamt motivieren, sich mehr für ihr Unternehmen zu engagieren, sich mit ihm zu identifizieren und Spitzenleistungen zu erbringen, und zwar vollkommen unabhängig von der Generationenzugehörigkeit. Ich wiederhole: Wenn die Mitarbeitenden ihrer Arbeit mit Spaß und Freude nachgehen und dabei ihre Persönlichkeit entwickeln sowie ihre Talente und Potenziale frei entfalten können, entsteht ein leistungssteigerndes Arbeitsklima, das den Menschen Sinn, Stabilität, Sicherheit und Orientierung bietet.

Nehmen Sie sich Zeit zur Selbstreflexion

Greifen Sie zu Ihrem Reflexions-Notizbuch:

- Inwiefern trägt Ihr Führungshandeln dazu bei, dass Ihre Mitarbeitenden ihrer jeweiligen Tätigkeit mit Spaß und Freude nachgehen können?
- Ist es erforderlich, dass Sie Ihr Führungshandeln anpassen oder verändern? Inwiefern ist das notwendig?

Leben und führen in der Post-Coronawelt

Ein wesentlicher neuer Aspekt, der auch in der Post-Coronawelt immer mehr an Bedeutung gewinnt, ist die Arbeit im Homeoffice. Einerseits erschwert die Arbeit im Homeoffice die werteschätzende

Führungsarbeit, weil nun die Herausforderung hinzukommt, die Mitarbeitenden »remote« aus der Distanz zu führen. Andererseits erfordert sie ein werteschätzendes Vorgehen mehr denn je und verlangt von den Führungskräften, ihre Coachingfähigkeiten permanent auszubauen. Nur so können die Menschen im Homeoffice zur Identifikation mit ihrem Arbeitgeber »angestiftet« werden.

Die Post-Coronawelt benötigt Führungskräfte, die als Visionäre sowie Coaches und Unterstützer vorangehen und die DIEN-Norm beachten und erfüllen.

DIEN-Norm? Was heißt das nun wieder? Auch Stefan Müller schaut mich auf unserem Coachingspaziergang fragend an. Ich bin diesem Begriff zuerst bei dem Management-Vordenker Josef Schmidt begegnet, der ihn in seinem Buch »Wirtschaftsethik« verwendet.[3] Gemeint ist eine DIENende Führungshaltung, bei der die Führungskraft Führung (auch) als Dienstleistung versteht, um den Nutzen der Mitarbeitenden in den Vordergrund zu rücken. Mit anderen Worten: Die Führungskraft wird zum Dienstleister der Mitarbeitenden und setzt es sich zum Ziel, ihnen alle Stolpersteine und Blockaden aus dem Weg zu räumen, die diese daran hindern, ihr Bestes zu geben und Spitzenleistungen im Job zu erbringen. Ich möchte diesen Willen, größtmöglichen Nutzen für die Mitarbeitenden zu stiften, wie Josef Schmidt in Anlehnung an die DIN-Norm (DIN = Deutsches Institut für Normung) die DIEN-Norm nennen.

Wir können auch von Supportive Leadership oder Servant Leadership sprechen. Entscheidend ist: Immer steht ein vor allem unterstützendes und dienendes Führungshandeln im Fokus.

»DIENen« meint: Die Führungskraft gibt den Mitarbeitenden nicht vor, »wo es langzugehen hat«. Vielmehr versteht sie sich als fördernder Coach und Rat gebender Begleiter. Sie unterstützt sie dabei, die Ziele des Unternehmens und zugleich die eigenen Ziele zu erreichen.

Die Führungskraft glaubt an die Mitarbeitenden, sie vertraut ihnen, sie traut ihnen etwas zu. Und aus diesem Glauben erwächst das Zutrauen, auch größere Aufgaben, die unvermutet auf die Menschen zukommen, zu meistern – zum Beispiel die Herausforderung, mit dem hybriden Arbeitsmodell klarzukommen, das seit der Pandemie immer mehr um sich greift.

Mitarbeiterorientierung und offene Kommunikationskultur im Fokus

Stefan Müller erinnert sich: Auch er stand 2020 vor der Aufgabe, auf Homeoffice-Arbeit umzustellen und ein hybrides Arbeitsmodell einzuführen. Zunächst waren die Mitarbeitenden verunsichert, wie sie ihre Aufgaben zwischen Büro und Homeoffice organisieren sollten. Auch die Führungskräfte betraten Neuland. Die Kommunikation verlief holprig und der Teamspirit drohte verloren zu gehen. Doch dann fanden Stefan Müller und seine Mitstreiter praxisorientierte und umsetzbare Lösungen, die auch zeigten, dass ein individuelles Eingehen auf die unterschiedlichen Persönlichkeiten der Mitarbeitenden zielführender ist als ein verengendes Denken in Generationenschubladen. »Unsere Befürchtung war, dass vor allem die älteren Mitarbeitenden, die sich mit den digitalen Kommunikationsmedien nicht so gut auskennen, mehr Probleme mit dem hybriden Arbeitsmodell haben könnten als zum Beispiel die Digital Natives. Das hat sich als Hindernis herausgestellt, das sich durch ein individuelles Vorgehen und einen mitarbeiterorientierten Führungsstil überwinden ließ.«

Stefan Müllers Bericht zu den praxisorientierten Lösungen umfasst vor allem die folgenden Aspekte, die bis heute in seinem Unternehmen Gültigkeit haben:

- Klare Strukturen und Flexibilität sind der Schlüssel zum erfolgreichen hybriden Arbeiten. Im Zentrum steht darum die Erarbeitung klarer Richtlinien und Spielregeln, die trotzdem Flexibilität erlauben. So wurden zum Beispiel feste Tage für das

Arbeiten im Büro und von zu Hause aus festgelegt, etwa: »Montags und freitags Homeoffice, dienstags und donnerstags Büro, mittwochs flexibel.«
- Die Mitarbeitenden haben stets die Möglichkeit, in Ausnahmefällen von der Regel abzuweichen, zum Beispiel wenn ein Handwerker kommt, ein Kind krank ist oder im beruflichen Bereich etwas Unvorhersehbares passiert.
- Die technologische Ausstattung wird konkret und mitarbeiterindividuell festgelegt. Was braucht welcher Mitarbeitende? Es wird sichergestellt, dass jeder Mitarbeitende (bis heute) mit den notwendigen Geräten ausgestattet wird: Laptop, Monitor, Headset, ergonomischer Stuhl und so weiter.
- Es werden individuelle Schulungen angeboten. Das bedeutet:

Jeder Mitarbeitende erhält genau die Unterstützung, die er braucht.

- Das reicht von Onlineschulungen bis zu Präsenzseminaren, die auch unter Corona-Sicherheitsaspekten angeboten und durchgeführt wurden, solange dies möglich war. Die Schulungen betreffen wichtige Tools wie Videokonferenz-Software, Cloud-Dienste und Projektmanagement-Tools.
- Diese Schulungen gibt es bis heute. Nach wie vor erhalten die Mitarbeitenden individuelle Hilfestellung, die konkret auf ihre jeweiligen Kompetenzdefizite abgestimmt ist.
- Es werden regelmäßige Meetings und Daily Check-ins durchgeführt, also tägliche kurze Meetings, bei denen jeder Mitarbeitende in zwei Minuten sagt, woran er arbeitet und welche Unterstützung er braucht. Diese Unterstützung wird sofort gewährleistet.
- Übrigens: Es hat sich herauskristallisiert, dass auch die jungen Mitarbeitenden im Bereich der digitalen Kommunikationsmedien Unterstützung gebrauchen können, meistens auf einem anderen Niveau als die älteren Kolleginnen und Kollegen.

Das heißt: Auch die Digital Natives und die Generation YouTube brauchen Hilfestellung. Bei einer generationenbezogenen Unterstützung wäre dieser Unterstützungsbedarf mit einiger Wahrscheinlichkeit unter den Tisch gefallen! Das hat Stefan Müller zwar seinerzeit noch nicht so gesehen, aber instinktiv beachtet, indem er jedem Mitarbeitenden individuelle Hilfe zukommen ließ.

- Es findet ein Mal in der Woche ein virtueller Kaffeeklatsch statt. Mit dem virtuellen Kaffeetreffen wird das Teamgefühl gestärkt. Gerade diese Maßnahme belegt die unterstützend-dienende Haltung, die die Führungskräfte leben.
- Der virtuelle Kaffeeklatsch ist nur ein Beispiel für eine offene Gesprächskultur. Wo immer möglich und erforderlich, finden Einzelgespräche statt.

Die Einzelgespräche verdeutlichen, dass es in Stefan Müllers Unternehmen nicht nur um die Arbeit, sondern auch um das Wohlbefinden der Mitarbeitenden und den Spaß an einer sinnerfüllenden und sinnstiftenden Arbeit geht.

Dazu finden sogenannte Werte- und Sinngespräche statt, in denen diese Aspekte zum Thema gemacht werden, oftmals auch online. All dies gipfelt schließlich in einer ausgesprochenen Feedbackkultur, in der jeder jedem über die Hierarchien hinweg in alle Richtungen konstruktives und produktives Feedback gibt. Dabei ist Kritik ausdrücklich erlaubt und erwünscht – solange sie konstruktiv, produktiv und sachlich bleibt und dazu dient, Verbesserungen herbeizuführen.

Trotz aller Unterstützungsangebote wird es immer wieder vorkommen, dass Mitarbeitende mit der hybriden Situation und der Arbeit im Homeoffice nicht zurechtkommen. Für diese Fälle bietet das Unternehmen leichten Zugang zu – auch anonymen – Beratungen an, bis hin zu einer Hotline für psychologische Unterstützung. Außerdem bietet das Unternehmen Workshops zu den Themen Stressmanagement, Achtsamkeit und Work-Life-Balance an.

Flexible Arbeitszeiten helfen den Mitarbeitenden, ihre Arbeitszeit an ihre persönliche Situation anzupassen und Erholungsphasen einzulegen, die diesen Namen auch verdienen. In regelmäßigen Pausen können sie abschalten, ihre Widerstandskräfte stärken und den leeren Energie-Akku aufladen.

Statement von Thomas Ludwig, Global E-Commerce, Jahrgang 1987. Thomas Ludwig gehört zu den Millennials (Generation Y).

»Als wir das hybride Arbeiten eingeführt haben, war es wichtig, klare Regeln zu definieren, aber auch flexibel auf individuelle Bedürfnisse einzugehen. Regelmäßige Check-ins und virtuelle Team-Events haben uns geholfen, den Teamgeist zu erhalten. Besonders hilfreich war eine wöchentliche virtuelle Kaffeepause, bei der wir uns einfach mal locker austauschen konnten. Dabei habe ich die Erfahrung gemacht, wie wichtig ein individuelles und konsequent mitarbeiterbezogenes Vorgehen ist. Welcher Generation der einzelne Mitarbeitende angehört, ist letztendlich zweit- oder drittrangig und meistens vollkommen nebensächlich.«

Coachende Führungskultur

Für die Führungskräfte in Stefan Müllers Unternehmen gilt, dass sie in Post-Coronazeiten zwar nicht grundsätzlich etwas verändern mussten und müssen, aber noch mehr Aufmerksamkeit darauf verwenden, eine unterstützende und dienende Coachinghaltung im Umgang mit den Mitarbeitenden zu leben. Indem sie ihnen den Weg freiräumen, Hindernisse beseitigen und zeigen, wie sich Stolpersteine umgehen lassen, schaffen sie die Voraussetzungen für Topleistungen, durch die sich Unternehmensziele und auch die persönlichen Ziele der Mitarbeitenden realisieren lassen.

Bei der unterstützenden und dienenden Coachinghaltung geht es vor allem um die Themen Empathie und Vertrauen. Empathie und Vertrauen sind auch in der Post-Coronawelt die Basis einer erfolgreichen Führung:

Die Führungskräfte kommunizieren offen und ehrlich, sind transparent in ihren Entscheidungen und erklären dabei die Hintergründe ihrer Entscheidungen, um Vertrauen aufzubauen.

Vor allem agieren sie persönlich nahbar, teilen also ihre persönlichen Erfahrungen und Herausforderungen im Umgang mit dem hybriden Arbeiten mit, um auf diese Weise mit allen Mitarbeitenden eine Beziehung auf Augenhöhe zu schaffen.

Zudem führen sie verstärkt agil und ermöglichen flexibles Agieren. Sie reagieren flexibel auf Veränderungen und ermutigen das Team und die Mitarbeitenden, innovative Lösungen zu entwickeln, eigenverantwortlich Entscheidungen zu treffen und den Selbstorganisationsgrad stetig zu erhöhen. Die Führungskräfte selbst entwickeln die Fähigkeit, schnell und dennoch fundiert zu Entscheidungen zu gelangen, um ihre Effektivität zu erhöhen. Daneben nutzen sie zunehmend Fortbildungsangebote, um ihre Führungsfähigkeiten im Bereich des hybriden Arbeitens kontinuierlich zu verbessern und ihre coachende Grundhaltung zu optimieren – auch mithilfe von Onlinekursen.

Nehmen Sie sich Zeit zur Selbstreflexion

Greifen Sie zu Ihrem Reflexions-Notizbuch:

- Wie haben Sie bisher die Herausforderungen der Post-Coronazeit gemeistert?
- Welche Strategien zur Unterstützung Ihrer Mitarbeitenden haben Sie implementiert?
- Hinterfragen Sie Ihren bisherigen Führungsstil: Wo sehen Sie noch Verbesserungspotenzial?
- Was halten Sie von der dargestellten unterstützenden und dienenden Coachinghaltung? Inwiefern leben Sie diese bereits?

Stefan Müller hat im Gespräch mit mir die verschiedenen Generationen und ihre Merkmale reflektiert und festgestellt, dass das generationenbezogene Führen eine geringfügigere Rolle spielen sollte als oft angenommen wird. Hier kommt die unterstützende und dienende Coachinghaltung ins Spiel – und damit gewinnen die Prinzipien eines werteschätzenden Coachings an Bedeutung. Auch wenn jede Generation ihre eigenen Erwartungen und Bedürfnisse haben mag, gibt es universelle Coachingprinzipien, die für alle gleichermaßen von Vorteil sind. Indem Sie diese Prinzipien anwenden, stellen Sie sicher, dass Sie auf die individuellen Stärken und Bedürfnisse Ihrer Mitarbeitenden eingehen und so jedem helfen, das Beste aus sich herauszuholen. Und das ist das Thema des nächsten Kapitels.

Fazit: Das Wichtigste im Überblick

- Die Post-Coronawelt stellt Führungskräfte vor neue Herausforderungen. Mit klaren Richtlinien, flexiblen Arbeitsmodellen und einer offenen Gesprächskultur führen Sie Ihr Team und Ihre Mitarbeitenden erfolgreich durch diese Zeit.

- Zentral ist eine strikt mitarbeiterorientierte individuelle Führung, die sich durch eine unterstützende und dienende Grundhaltung auszeichnet, also eine werteschätzende Coachinghaltung.
- Bauen Sie Vertrauen auf, um den neuen Erwartungen gerecht zu werden. Durch kontinuierliches Lernen und Selbstreflexion entwickeln Sie Ihre Führungsfähigkeiten weiter und führen Teams und Mitarbeitende in eine erfolgreiche Zukunft.

Was Sie jetzt sofort tun sollten

- Klären Sie Ihre Einstellung zu einer unterstützend-dienenden Führung.
- Überprüfen Sie, was Sie tun sollten, um eine werteschätzende Coachinghaltung aufbauen zu können.

3 Die zehn wichtigsten werteschätzenden Coachingprinzipien

Kapitelcheck

Übersicht zu den wichtigsten Kapitelinhalten

Wir beschäftigen uns mit den zehn wichtigsten werteschätzenden Coachingprinzipien. Sie sind nicht nur theoretisch wertvoll, sondern bieten konkrete Umsetzungsmöglichkeiten, um den vielfältigen Anforderungen der verschiedenen Mitarbeitenden gerecht zu werden.

Ihr Nutzen

Mit der Umsetzung der Coachingprinzipien in reales Führungshandeln schaffen Sie eine Arbeitsumgebung, in der sich jeder wertgeschätzt und gefördert fühlt – unabhängig davon, ob er oder sie zu den Babyboomern, der Generation X, den Millennials oder der Generation Z (oder später zur Generation Alpha) gehört.

Coaching als individuelle Form der Führung

Es ist erstaunlich, welche Fortschritte Stefan Müller und ich während jenes Spaziergangs an der Elbe erzielen. Jetzt befinden wir uns in der HafenCity, dem neuen Stadtteil von Hamburg. Hier hat vor einigen Jahren – Achtung: Ironie – nach einer geringfügigen und nicht unbedingt nennenswerten Verzögerung mit minimalen Mehrkosten die Elbphilharmonie ihre Pforten eröffnet. Mittlerweile ist die Elbphilharmonie ein wahrer Publikumsmagnet. Wohl bis zu 17 000 Gäste strömen jeden Tag in die HafenCity, um die beliebte Sehenswürdigkeit zu bestaunen und die fantastischen Klangwelten zu genießen.

Stefan Müller und ich arbeiten weiterhin fleißig an den Grundlagen eines neuen Führungskonzepts. Aus dem geplanten Blitz- und Intensivcoaching von knapp einer Stunde sind bereits über zwei Stunden geworden. In dieser Zeit haben wir vor allem die Frage geklärt, wie sich höchst unterschiedliche Mitarbeitende am besten führen lassen - nicht durch Schubladendenken etwa in den Kategorien der Generationenzugehörigkeit, sondern konsequent individuell.

Es geht um die Persönlichkeit des einzelnen Menschen, um deren Entwicklung und Entfaltung, um zielorientierte Kompetenzentwicklung, um individuelles Talent- und Stärkenmanagement.

Gelingt dies, macht die Arbeit (endlich wieder) Spaß und Freude, der Identifikationsgrad mit Unternehmen, Arbeitgeber, Führungskräften und der Tätigkeit selbst steigt. Die unheilvolle Tendenz zur inneren Kündigung und zum Dienst nach Vorschrift lässt sich so stoppen. Für uns steht fest: Jene werteschätzende Unterstützung der Mitarbeitenden durch einen Coach ist der richtige Weg. »Lass uns nun klären, was genau Coaching ist und was ein Coach macht«, schlägt Stefan Müller vor. Und das ist das Ergebnis:

Ohne Vertrauen geht gar nichts

Während im Seminarraum neues Wissen vermittelt wird und in einem Training der Übungs- und Anwendungsaspekt im Mittelpunkt steht, liegt die Stärke des Coachings in der besonderen Beziehung, die zwischen Coach und Coachee entsteht. Coaching ist dann möglich, hilfreich und unterstützend, wenn die beteiligten Menschen Vertrauen zueinander fassen, es also gelingt, ein intensives Vertrauensverhältnis zu etablieren. Auf dieser Grundlage werden im Coachingprozess nicht nur fachliche Aspekte thematisiert, sondern darüber hinaus die Verhaltenskompetenzen und die Persönlichkeitsentwicklung des Mitarbeitenden. Coach und Coachee gehen eine intensive menschliche Beziehung ein.

Fachliche, soziale und persönliche Aspekte fließen ein, sodass der ganze Mensch als Persönlichkeit und Individuum in den Fokus rückt, nicht allein seine Position oder seine Eigenschaft als Träger einer Rolle.

Gelingt der Aufbau des Vertrauensverhältnisses, ist die Voraussetzung für ein erfolgreiches Coaching gegeben. Die Führungskraft kann dann im Coachingprozess sogar Aspekte ansprechen, die sich im klassischen Mitarbeiter-Führungskraft-Verhältnis nicht diskutieren lassen.

Coaching ist ein weites Feld. Es reicht vom Einzelcoaching bis zum Teamcoaching. Viele Unternehmen verfügen über firmeninterne Coaches, andere Unternehmen holen sich einen externen Berater ins Haus. Und dann ist da noch der Ansatz »Die Führungskraft als Coach«, der von Führungskräften zunehmend zur individuellen Entwicklung der Mitarbeitenden herangezogen wird.

Die coachende Führungskraft

Entscheidend für diesen Ansatz ist: Der Coachee (der Mitarbeitende) lernt vom Coach (der Führungskraft) und setzt das Gelernte direkt und mit Unterstützung des Coaches in seiner Praxis und in seinem Lebensalltag ein. Dabei tritt der Coach nicht als allwissende oder überlegene Führungskraft auf, die dem Mitarbeitenden den Weg weist und die Lösung vorgibt. Nein – der Coach begleitet den Mitarbeitenden auf dem Weg zu dessen selbstgestecktem Ziel. Er ist Begleiter und Ratgeber, Unterstützer und Förderer, Gesprächspartner und Feedbackgeber, der dem Coachee hilft, seine Potenziale zu entfalten und zu entwickeln.

Es ist immer der Mitarbeitende selbst, der entscheidet, ob er den Weg zur Zielerreichung einschlagen will – oder nicht. Der Wille zur Veränderung geht von ihm aus, der Coach unterstützt ihn dabei, den freiwillig eingeschlagenen Weg mit Konsequenz und Hartnäckigkeit zu verfolgen.

Coaching ist eine hochindividuelle Beratung und zielt punktgenau auf konkrete Verbesserungen am Arbeitsplatz ab. Die räumliche und zeitliche Nähe zwischen Coach, Coachee und Arbeitsplatz bieten ideale Voraussetzungen für ein Coaching-on-the-job.

Nehmen Sie sich Zeit zur Selbstreflexion

Greifen Sie zu Ihrem Reflexions-Notizbuch:

- Bevor Sie sich entscheiden, zum Coach Ihrer Mitarbeitenden zu werden, sollten Sie klären, ob Sie von Ihrer Haltung her dazu geeignet sind: Sind Sie fähig und kompetent, Ihre Mitarbeitenden als gleichberechtigte Partner zu betrachten? Können Sie sich als Führungskraft zurücknehmen und die Rollentrennung zwischen Führungskraft und Coach leisten?
- Meine Erfahrung ist: Wenn Sie bereit sind, sich in einen anderen Menschen zu versetzen, etwas aus einer anderen Perspektive als dem gewohnten Blickwinkel zu betrachten und einen kooperativen Führungsstil zu verwirklichen, schaffen Sie den Rollenwechsel.

Die Grundsätze der werteschätzenden Haltung

Zwischen dem Geschäftsführer Stefan Müller und mir – stellen wir übereinstimmend fest – existiert schon lange jenes Vertrauensverhältnis, das Gespräche wie das an der Elbe überhaupt erst möglich macht. Was aber ist es, was unseren Dialog zu einem werteschätzenden Coachinggespräch macht?

Werteschätzendes Coachingprinzip 1: Mit Respekt, Vertrauen und Anerkennung agieren

Das dürfte mittlerweile deutlich geworden sein: Respekt, Vertrauen und Anerkennung bilden die Grundlagen einer stabilen Beziehung. Insbesondere Respekt und Vertrauen sind möglich, wenn sich die Führungskraft jederzeit verlässlich zeigt und ihre Versprechen einhält. Wenn sie zusagt, eine bestimmte Ressource bereitstellen zu wollen, dann tut sie das auch, und zwar ohne Verzögerung. So entsteht Erfahrungsvertrauen – ein stabiles Vertrauensverhältnis, das sich aufgrund realer und authentischer Erfahrungen ausbildet. Dabei zeigt die Führungskraft ihren Mitarbeitenden, dass sie ihre Arbeit und ihren Einsatz zu schätzen weiß. Das reicht vom einfachen »Danke«, das allein schon oft Wunder bewirkt, bis hin zum begründenden zielgenauen Lob.

Allgemeines Pauschallob für Selbstverständlichkeiten wirkt oft kontraproduktiv, weil der Mitarbeitende so nicht erkennen kann, dass seine Leistung in ihrer Außergewöhnlichkeit erkannt und anerkannt wird.

Ein Beispiel für ein begründendes Lob mit hoher Wirkungskraft ist: »Wie haben Sie es nur geschafft, mit dem erbosten reklamierenden Kunden doch noch ein sachliches Gespräch zu führen und seine Beschwerde zu seiner Zufriedenheit aufzulösen? Erzählen Sie doch mal ausführlich. Vielleicht können wir daraus etwas lernen ...«

Hier noch eine konkrete Idee für die wert*e*schätzende Praxis: Die Führungskraft startet ein Meeting mit einer Runde, in der jede und jeder eine Kollegin oder einen Kollegen für gute Leistungen lobt. Die Führungskraft spricht die Anerkennung nicht selbst aus, sorgt jedoch dafür, dass ein authentisches Lob möglich ist.

Werteschätzendes Coachingprinzip 2: Das aktive Zuhören leben

Die Führungskraft nimmt sich die Zeit, wahrhaft zuzuhören und die Perspektive ihrer Mitarbeitenden zu verstehen. Ziel ist: Die Mitarbeitenden spüren die Ernsthaftigkeit, sich in ihre jeweilige Vorstellungswelt einzufühlen. Sie merken, dass sie ernst genommen und wirklich gehört werden. Die Führungskraft belegt: Sie will schlicht und einfach wissen, was ein Mitarbeitender zu sagen und zur Sache beizutragen hat.

Ein spezifischer Vorschlag für die werteschätzende Praxis: Während eines Gesprächs mit einem Mitarbeitenden wiederholt die Führungskraft das Gehörte kurz in eigenen Worten, um sicherzustellen, dass sie es richtig verstanden hat – und damit der Mitarbeitende weiß, dass ihm zugehört wird. Mit aktivem Zuhören beweist die Führungskraft ihr Interesse und ihre Neugier an dem, was Teams und Mitarbeitende beizutragen haben.

Werteschätzendes Coachingprinzip 3: Individuelle Förderung umsetzen

Die Gruppe der leistungsmotivierten und leistungsbereiten Mitarbeitenden giert nach der Förderung der jeweiligen Talente und Stärken und der Entwicklung der Potenziale. Und nach der Ausmerzung der Schwächen – sie wollen jeden Tag ein bisschen besser werden. Darum ist es so wichtig, alle Mitarbeitenden bei der persönlichen und beruflichen Entwicklung zu unterstützen, etwa durch regelmäßige Checks, bei denen die für einen Job erforderlichen Kompetenzen und die tatsächlich vorhandenen Kompetenzen gemessen und abgeglichen werden. Die analysierten Defizite werden mithilfe entsprechender Weiterbildungen und Schulungen behoben. Dazu führt die Führungskraft Bewertungs- und Qualifikationsgespräche, um den individuellen Förderbedarf festzustellen und Entwicklungsprogramme festzulegen – und zwar gemeinsam mit dem Mitarbeitenden.

Dabei dürfen die Mitarbeitenden, die eher durchschnittliche oder gar unterdurchschnittliche Leistungen erbringen, nicht vergessen werden. Oft liegen hier Talente und Potenziale brach, die nur darauf warten, endlich gehoben zu werden. Die Führungskraft findet dann zum Beispiel heraus, warum die unterdurchschnittlich erfolgreichen Mitarbeitenden nicht die Ergebnisse und Leistungen zustande bringen, zu denen sie eigentlich fähig wären. Sind die Ursachen erst einmal erkannt, kann die Führungskraft Abhilfe schaffen.

Ein Hinweis für die wert*e*schätzende Praxis:

Die Führungskraft erstellt mit jedem und für jeden Mitarbeitenden einen individuellen Entwicklungsplan, der auf die jeweiligen Stärken und Ziele abhebt.

Werteschätzendes Coachingprinzip 4: Offene Kommunikation pflegen

Von einer offenen Kommunikationskultur war bereits die Rede. Darum in aller Kürze: Die Führungskraft fördert eine Kultur der transparenten und ehrlichen Kommunikation. Sie richtet beispielsweise regelmäßige Feedbackrunden ein, in denen jeder offen seine Meinung äußern kann. Das gilt insbesondere für Kritik- und Konfliktgespräche, bei denen die Führungskraft klarmacht, dass es ihr um sachliche Kritik und konstruktive Konfliktlösungen geht. Sie hört sich die Probleme (zunächst einmal) an, redet dann aber sofort über Lösungen. Sie nimmt ihre Verantwortung wahr, Rahmenbedingungen zu schaffen, durch die konstruktive Kritik- und Konfliktgespräche möglich werden.

Ein spezifischer Impuls für die wert*e*schätzende Kommunikationspraxis: Konflikte werden nicht unter den berühmt-berüchtigten Teppich gekehrt, sondern offen angesprochen, um frühzeitig die

Konfliktursachen feststellen und beseitigen zu können. Die Führungskraft bringt die Konfliktparteien an einen Tisch, damit gemeinsam Lösungen gefunden und umgesetzt werden können.

Werteschätzendes Coachingprinzip 5: Empathie zeigen

Hier geht es darum, sich flexibel in die Werte- und Gefühlswelt jedes einzelnen Mitarbeitenden zu versetzen. Das muss die Führungskraft wollen und können. Voraussetzung ist die Kompetenz zum ständigen Perspektivenwechsel – und der lässt sich trainieren, zum Beispiel in Rollenspielen.

Dabei setzt sich die Führungskraft sinnbildlich auf den Stuhl des Mitarbeitenden und versucht, eine strittige Angelegenheit oder ein kontroverses Thema aus dessen Blickwinkel zu betrachten.

So lernt sie, die Eigenheiten des anderen Menschen besser zu erkennen, und kann diese bei ihrem Führungshandeln beachten und berücksichtigen.

Natürlich ist es in digitalen Homeofficezeiten eine besondere Herausforderung, mit Empathie zu führen. Aber auch besonders notwendig. Darum versucht die Führungskraft, die Gefühle und Bedürfnisse der Mitarbeitenden auch im Gespräch von PC zu PC, in Videokonferenzen und im virtuellen Raum zu erkennen und nachzuvollziehen.

Ein konkreter empathischer Denkanstoß für die werteschätzende Praxis: Falls sich ein Mitarbeitender zurückzuziehen scheint, fragt die Führungskraft sofort nach, wie es ihm geht, und bietet ihre Unterstützung an.

Nehmen Sie sich Zeit zur Selbstreflexion

Greifen Sie zu Ihrem Reflexions-Notizbuch:

- Legen Sie nach den ersten fünf Coachingprinzipien eine Pause ein und überlegen Sie, ob und inwiefern Sie diese Prinzipien bereits befolgen und leben.
- Wie können Sie die Coachingprinzipien in Zukunft zur Anwendung bringen?

Werteschätzendes Coachingprinzip 6: Ziele gemeinsam setzen

Nicht alle, aber die meisten Mitarbeitenden lieben es, an der Zielformulierung beteiligt zu werden – genauso wie sie es sich wünschen, an Entscheidungsfindungen mitwirken zu können. Das Zauberwort in diesem Zusammenhang lautet »Mitwirkung«. Werteschätzende Führungskräfte suchen darum nach Wegen und Möglichkeiten, gemeinsam mit ihren Mitarbeitenden an der Festlegung von Zielen zu arbeiten. Dazu veranstalten sie regelmäßige Meetings, in denen es um die Besprechung individueller Ziele und um die Festlegung der Teamziele geht.

Eine konkrete Idee für die werteschätzende Coachingpraxis: In Coachinggesprächen kommt es oft auch zur Ansprache persönlicher und privater Themen. Es gibt Führungskräfte, die mit ihren Mitarbeitenden deren Lebensziele diskutieren. Der Grund: Ziele gewinnen an Strahlkraft, wenn sie »aus einem Guss« sind, sich also aus den Lebenszielen ableiten. Das trifft auch auf die beruflichen Ziele zu, aus denen dann wiederum die Jahres-, Quartals-, Monats-, Wochen- und Tagesziele ableitbar sind. Das ist mit Zielefestlegung »aus einem Guss« gemeint.

Werteschätzendes Coachingprinzip 7: Fehler als Lernchance sehen und Lernkultur aufbauen

Werteschätzende Führungskräfte betrachten Fehler nicht als Belege fürs Scheitern, sondern als Möglichkeiten zur Verbesserung und als Chancen zu lernen und in ihrem Verantwortungsbereich eine Kultur des permanenten Lernens und der stetigen Weiterentwicklung zu etablieren. Nach einem Fehler analysieren sie gemeinsam mit dem Team, was schiefgelaufen ist und wie man es in Zukunft besser machen kann.

Es sollte endlich Schluss sein mit der unsäglichen und blockierenden Fortführung einer Fehlerkultur, bei der es nur darum geht, rasch einen Schuldigen dingfest zu machen, um ihm die Verantwortung zuzuschieben. Denn so entsteht ein düsteres Klima des Misstrauens und der Verantwortungslosigkeit, in dem Fortschritt kaum möglich ist, weil niemand mehr die Zügel des Handelns in die Hand nehmen will. Man könnte ja einen Fehler machen!

Ein Vorschlag für die werteschätzende Praxis: Eine Lernkultur lässt sich mithilfe der Vorbildwirkung der Führungskraft und einer dezidierten Beispielkultur aufbauen: Die Führungskraft geht mit gutem Beispiel voran und begreift und nutzt ihre eigenen Fehler als Lernchancen.

Statement von Cederic Haß, Füchse Berlin Reinickendorf, Jahrgang 1997. Cederic Haß gehört also der Generation Z an.

»Wir haben bei uns im Verein die Erfahrung gemacht, dass das wertschätzende Coaching und die Umsetzung der Coachingprinzipien als Brücke dienen, um die verschiedenen Generationen in einem Team noch erfolgreicher zu führen und zu unterstützen. Und dann macht den Mitarbeitern die Arbeit auch mehr Spaß.«

Werteschätzendes Coachingprinzip 8: Den Willen und die Fähigkeit zur Selbstreflexion fördern

Die Führungskraft ermutigt ihre Mitarbeitenden, regelmäßig über ihre Arbeit und ihre Fortschritte nachzudenken. Auch hier kann sie als Beispiel vorangehen, indem sie sich etwa am Ende der Woche Reflexionsfragen stellt wie: »Was habe ich diese Woche gelernt?« Oder: »Was kann ich nächste Woche besser machen?« Coaching heißt auch, Hilfe zur Selbsthilfe zu geben. Der Hinweis, das eigene Tun und Handeln selbstkritisch und regelmäßig zu hinterfragen, gehört zu den elementaren Coachingaufgaben einer Führungskraft.

Ein Hinweis für die werteschätzende Praxis:

Die Führungskraft fördert den Willen und die Fähigkeit zur Selbstreflexion, indem sie Rollenspiele durchführt, bei denen sich die Mitarbeitenden aus der Distanz und der Helikopterperspektive betrachten. Anschließend legen sie das eigene Handeln unter die Analyselupe.

Unterstützend sollte dabei neben die Selbstwahrnehmung und die Selbsteinschätzung die Fremdeinschätzung treten: Mitarbeitende und Führungskräfte sind bereit, bei der Beantwortung der Frage »Was kann ich nächste Woche besser machen?« auch anderen Personen zuzuhören.

Werteschätzendes Coachingprinzip 9: Positive Arbeitsatmosphäre schaffen

Mit ihrer Coachingtätigkeit verfolgt die Führungskraft das Ziel, eine angenehme Arbeitsatmosphäre, leistungsfördernde und motivierende Arbeitsbedingungen und ein leistungsunterstützendes Betriebsklima zu schaffen. Darum organisiert sie zum Beispiel identitätsstiftende Teambuilding-Aktivitäten wie Incentives und

Outdoormaßnahmen. Zugleich sorgt sie für eine angenehme Arbeitsumgebung, sei es durch flexible Arbeitszeiten, ergonomische Büromöbel oder kleine Aufmerksamkeiten wie frisches Obst im Büro.

Ein spezifischer Impuls für die werteschätzende Praxis besteht in dem ganzheitlichen Blick auf das Team: Wer passt gut zusammen, wer sollte gemeinsam Aufgaben lösen, bei welchen Teammitgliedern wäre dies eher kontraproduktiv? Der intelligenten Teamzusammenstellung kommt eine hohe Bedeutung zu, wenn es um die Schaffung eines sonnigen Arbeits- und Betriebsklimas geht.

An dieser Stelle greifen die verschiedenen Coachingprinzipien ineinander:

Ein gutes Betriebsklima steht in Abhängigkeit von der Fähigkeit der Führungskraft, zum Beispiel eine vertrauensvolle Atmosphäre herzustellen, aktiv zuzuhören, offen zu kommunizieren und eine Lernkultur aufzubauen.

Werteschätzendes Coachingprinzip 10: Mit Herzblut und Leidenschaft coachen

Eine coachende Führungskraft betreibt ihre Aufgabe mit Hingabe und Begeisterung. Letztendlich agiert sie als Zustandsmanagerin, die die Mitarbeitenden dabei unterstützt, in einen guten Zustand zu kommen. Es geht dabei aber nicht darum, als Animateur oder gar als Pausenclown für launige Stimmung zu sorgen. Vielmehr steht bei der Coachingarbeit das Ziel im Fokus, dass sich die Mitarbeitenden als Persönlichkeiten wertgeschätzt fühlen und das berechtigte (!) Gefühl haben, gebraucht zu werden und etwas Besonderes zu sein und zu leisten. Dann sind sie gern bereit, ihren Aufgaben nachzukommen und hochmotiviert ihr Bestes zu geben – für das Unternehmen, für die Abteilung, für die

Kolleginnen und Kollegen, aber auch für sich selbst. Gelingt dies, fühlen sie sich endlich auch emotional an ihren Arbeitsplatz und das Unternehmen gebunden.

Ein letzter Denkanstoß für die werteschätzende Praxis:

Werteschätzende Führungskräfte bedenken, dass gelungene Führung immer auch eine emotionale Komponente hat.

Sie führen nicht nur mit Verstand und Zielen, mit Zahlen, Daten und Fakten, sondern zugleich mit Herzblut und Leidenschaft. Um die Mitarbeitenden von lediglich Betroffenen zu emotional Beteiligten zu entwickeln, bauen sie eine persönlich-privat gefärbte Beziehung zu ihnen auf und erläutern ihnen das emotionale Warum ihrer Arbeit.

Nehmen Sie sich Zeit zur Selbstreflexion

Greifen Sie zu Ihrem Reflexions-Notizbuch:

- Gehen Sie jetzt noch einmal in Ruhe mithilfe der Übersicht die zehn Coachingprinzipien durch.
- Analysieren Sie, ob und inwiefern Sie sie bereits befolgen und leben. Wie können Sie sie zukünftig in Ihrer Führungspraxis einsetzen?

Die zehn werteschätzenden Coachingprinzipien im Überblick

- *Coachingprinzip 1: Agieren, führen und coachen Sie mit Respekt, Vertrauen und Anerkennung.*
- *Coachingprinzip 2: Hören Sie aktiv zu, leben Sie das aktive Zuhören.*
- *Coachingprinzip 3: Fördern Sie jeden Mitarbeitenden individuell, erarbeiten Sie punktgenaue Entwicklungspläne.*

- *Coachingprinzip 4: Halten Sie Ihre Kommunikationskanäle offen, kritisieren Sie transparent und nachvollziehbar und lösen Sie Konflikte konstruktiv.*
- *Coachingprinzip 5: Coachen und führen Sie mit Einfühlungsvermögen.*
- *Coachingprinzip 6: Erarbeiten Sie Ziele zusammen mit den Mitarbeitenden.*
- *Coachingprinzip 7: Begreifen Sie – auch eigene – Fehler als Lernchancen und bauen Sie eine Lernkultur auf.*
- *Coachingprinzip 8: Fördern Sie aufseiten der Mitarbeitenden den Willen und die Fähigkeit zur Selbstreflexion.*
- *Coachingprinzip 9: Schaffen Sie eine positive Arbeitsatmosphäre und leistungsunterstützende Rahmenbedingungen.*
- *Coachingprinzip 10: Coachen und führen Sie (auch) mit Herzblut und Leidenschaft.*

Fazit: Das Wichtigste im Überblick

- Beim Coaching geht es um die Persönlichkeit des einzelnen Menschen, um deren Entwicklung und Entfaltung, um individuelles Talent- und Stärkenmanagement.
- Die Führungskraft ist als Coach Begleiter und Ratgeber, Unterstützer und Förderer, Gesprächspartner und Feedbackgeber der Mitarbeitenden.
- Die zehn werteschätzenden Coachingprinzipien helfen den Führungskräften, die Vielfalt der Generationen in ihren Teams zu nutzen und ein Arbeitsumfeld zu schaffen, in dem jeder Mitarbeitende – unabhängig von der Generationenzugehörigkeit – seine Talente und Potenziale entfalten kann.

Was Sie jetzt sofort tun sollten

- Klären Sie Ihre Eignung als Coach ab.
- Erwerben Sie gegebenenfalls die entsprechenden Coachingkompetenzen.
- Setzen Sie die zehn Coachingprinzipien nach und nach um.

Damit geht das Intensivcoaching seinem Ende entgegen. Stefan Müller und ich sind wieder an meinem Coaching- und Businessmobil angelangt. Ich setze uns einen Kaffee auf, danach reflektieren wir unsere Überlegungen. Das Mobil ist wie ein Büro mit allen möglichen Multimediageräten ausgestattet, die technische Ausstattung lässt sich dank einer Medienfestplatte über ein Tablet bedienungsleicht steuern, sodass wir die Ergebnisse unseres Coachingspaziergangs visualisieren können.

Wir halten fest, dass wir die Grundlagen für ein generationenunabhängiges und somit für alle Mitarbeitenden gültiges Führungskonzept erarbeitet haben, das speziell für die Nach-Coronawelt geeignet ist. Herzstück sind jene zehn werteschätzenden Coachingprinzipien. Nun ist die Frage, was die Grundlagenerkenntnisse für das konkrete Führungshandeln im Einzelnen bedeuten. Nach dem Motto: »Der wichtigste Mitarbeitende bist du selbst!« geht es in Teil 2 dieses Buches zunächst um die Selbstführung, das Selbstmanagement und das Selbstcoaching, bevor in Teil 3 die Mitarbeiterführung und das Mitarbeitercoaching im Vordergrund stehen. Denn nur wer weiß, wie er selbst Spaß bei der Arbeit haben und seine Talente entwickeln kann, kann dies auch bei den Mitarbeitenden leisten.

Stefan Müller und ich verabschieden uns erst einmal voneinander. Aber wir werden uns wiedersehen – und zwar im vierten Teil dieses Buches.

Teil 2
Selbstführung, Selbstmanagement und Selbstcoaching: So gehen Sie werteschätzend mit sich selbst um

Werteschätzende Selbstführung lässt sich auf diesen Punkt bringen: Auf der Basis der Selbst(er)kenntnis legen Sie die Ziele fest, die Ihnen wichtig sind. Um die Ziele zu erreichen, bringen Sie sich in einen dazu geeigneten Zustand und nutzen Sie Ihre Potenziale und Stärken, Ihre Antreiber oder Motivatoren. Nun sind Sie bereit für die Umsetzung.

Und damit sind wir bei den Themen des zweiten Buchteils angelangt:

- Wer sind Sie? Welcher (Führungs-)Typ sind Sie? (Kapitel 4)
- Wohin wollen Sie? Wie setzen Sie für sich verbindliche Ziele und wie leiten Sie daraus eine Kernbotschaft ab? (Kapitel 5)
- Wie kommen Sie in einen ressourcenvollen Zustand? (Kapitel 6)
- Wie entwickeln Sie Ihre Potenziale und Kompetenzen und etablieren ein Stärkenmanagement? (Kapitel 7)
- Was treibt Sie wirklich an und wie motivieren Sie sich selbst? (Kapitel 8)
- Wie kommen Sie rasch und unkompliziert in die Umsetzung und ins Handeln? (Kapitel 9)

4 Erkennen Sie sich selbst

Kapitelcheck

Übersicht zu den wichtigsten Kapitelinhalten

»Habe den Mut, du selbst zu sein – und keine Kopie! Trau dir zu, ein Original zu sein – und keine Nachahmung!« Das ist das Leitmotiv dieses Kapitels, in dem es darum geht, als Führungskraft bei sich selbst zu bleiben und nicht so sein zu wollen, wie andere es sich wünschen und vorstellen. Dabei gibt es keine einfachen Antworten, sondern Hinweise, die eine intensive Beschäftigung mit sich selbst erfordern.

Ihr Nutzen

Sie erfahren, welche sieben Möglichkeiten der Selbst(er)-kenntnis Ihnen offenstehen, um der zu werden und zu bleiben, der Sie sind.

Von den Vorteilen der Selbst(er)kenntnis

Viele Führungskräfte, denen ich in meiner Tätigkeit als Coach begegnet bin, haben ihre Ziele als Chefinnen und Chefs ihrer Mitarbeitenden erst dann erreichen können, nachdem sie mit sich ins Reine gekommen waren. Christian Adolff zum Beispiel, HANSETRANS (Hanseatische Transportgesellschaft mbH, Hamburg) sagte zu mir: »Erst als ich wusste, wer ich bin, und beurteilen konnte, was in mir steckt, mich also selbst besser kannte, habe ich meine Kompetenzen als Führungskraft voll entfalten können.« Ganz nach dem bereits zitierten Motto »Nur wer sich selbst führen kann, kann auch andere Menschen führen«.

Gute Führung beginnt stets bei der Führungskraft, beginnt immer bei sich selbst. Wer seine eigene Lebensaufgabe gefunden hat – beruflich und privat –, verfügt über die Kompetenz und hat auch die Legitimation und Berechtigung, andere Menschen auf dem Weg zu sich selbst zu unterstützen.

Ihre Mitarbeitenden werden sich nur dann von Ihnen führen, coachen, motivieren und helfen lassen, wenn sie erkannt haben, dass Sie authentisch handeln, weil Sie zu sich selbst gefunden haben. Umgekehrt gilt: Wer mit sich selbst nicht klarkommt, sollte tunlichst die Finger von der Führungsarbeit lassen. Selbst(er)kenntnis und Menschenkenntnis sind die zwei Seiten derselben Medaille. Das ist mehr als nur ein Kalenderspruch, sondern vielmehr die Basis für ein glaubwürdiges Führungshandeln, das sich auf eine grundlegende Wahrheit bezieht, die Friedrich Schiller (1759 – 1805) unter dem Titel »Der Schlüssel« so zum Ausdruck bringt: »Willst du dich selber erkennen, so sieh, wie die andern es treiben, // Willst du die andern verstehn, blick in dein eigenes Herz.«[1] Für mich heißt das insbesondere: Nur wer sich selbst kennt und sich über sich selbst im Klaren ist, kann die Persönlichkeit anderer Menschen – und damit auch der Mitarbeitenden – einschätzen und sie so führen, wie sie geführt werden wollen, und ihnen helfen, Klarheit über sich selbst zu gewinnen.

Nehmen Sie sich Zeit zur Selbstreflexion

Greifen Sie zu Ihrem Reflexions-Notizbuch:

- Wie schaut es mit Ihrer Selbst(er)kenntnis aus?
- Wie beschreiben Sie sich selbst?
- »Wie ticken Sie?« Wie lautet Ihre Antwort auf diese Frage?

Sieben Impulse für den Weg zu sich selbst

Wer sich zum Original seiner selbst entwickeln will und nicht zur Kopie eines anderen, muss erst einmal feststellen und wissen, wer er ist. Wahrscheinlich wird Ihnen die obige Selbstreflexion nicht leicht gefallen sein. Also: Welche Möglichkeiten stehen Ihnen überhaupt offen, um zu sich selbst zu finden? Welche Optionen der Selbstkenntnis und der Selbsterkenntnis sollten Sie nutzen? Finden Sie es heraus – und vielleicht helfen Ihnen die folgenden Impulse weiter.

Impuls 1: Klarheit durch Selbstbefragung – ein mühsamer Weg

Den Weg zur Klarheit durch Selbstbefragung und Selbstreflexion haben Sie bereits eingeschlagen, indem Sie immer wieder zu Ihrem Reflexions-Notizbuch greifen. Das allein jedoch wird nicht genügen. Ich möchte Ihnen nichts vormachen: Klarheit über sich selbst – und Ihr Führungshandeln – durch Selbstbefragung und Selbstreflexion werden Sie wohl nur gewinnen, indem Sie sich wiederholt mit Hartnäckigkeit und Ausdauer mit Ihrer Persönlichkeit und Mentalität beschäftigen und zum Beispiel Bücher zu diesem Thema lesen, etwa Biografien von Menschen, denen es gelungen ist, ihrem Persönlichkeitskern einen Schritt näher zu kommen.

Aber auch hier werden Sie keine unumstößliche Antwort auf die Frage »Wer bin ich?« finden, sondern immer nur Anregungen, wie Sie sich Schritt für Schritt über Ihr Wesen Klarheit verschaffen und sich einer Antwort mühsam annähern. Wenn Sie glauben, eine Fünf-Minuten-Selbstbefragung würde ausreichen, um zu einer für immer gültigen Selbstbeschreibung zu gelangen, muss ich Sie enttäuschen. Dieses Geschäft überlasse ich gern selbst ernannten Erfolgsgurus. Lassen Sie sich von deren Versprechungen nicht blenden. Wie wir ticken, was uns antreibt und wichtig ist, werden wir immer nur annäherungsweise beantworten können, allein schon, weil die Antworten von unseren individuellen Lebensumständen und Lebenssituationen abhängig sind.

Denn jene Fragen werden wir in verschiedenen Lebensaltern unterschiedlich beantworten. Wie wir ticken, was uns antreibt und was uns wichtig ist: Diese Fragen beantworten wir als junge Menschen, die große Ziele verfolgen und etwas aufbauen möchten, oft anders als Menschen, die im gesetzteren Alter auf das Erreichte zurückblicken und es vor allem bewahren möchten.

Mit anderen Worten: Wir stehen vor der Herausforderung, uns jene Fragen immer wieder aufs Neue vorzulegen, und werden trotzdem immer nur vorläufige Antworten finden. Das ist meiner Ansicht nach die ehrlichere Antwort, als so zu tun, dass es möglich sei, eine in Stein gemeißelte, ewig gültige Wahrheit über uns selbst zu finden. An dieser Stelle bewahrheitet sich einmal mehr der oft bemühte Spruch »Der Weg ist das Ziel«. Allerdings: Lassen Sie sich von der Aussicht auf einen hindernisreichen Weg nicht abschrecken:

Haben Sie den Mut und die Courage, den mühsamen Weg zu sich selbst zu gehen und zu finden. Es lohnt sich, dieses spannende Abenteuer zu bestehen.

Impuls 2: Klarheit durch Gespräche mit anderen Menschen

Ab jetzt soll es praxisorientierter zugehen. Suchen Sie auf dem Weg zu sich selbst wo immer möglich das Gespräch und den Austausch mit anderen Menschen, von denen Sie ehrliche Antworten auf die entscheidenden Fragen »Wie ticke ich?«, »Was treibt mich an?«, »Welche Potenziale habe ich?« und »Was ist mir wichtig?« erhalten. Beackern Sie dabei das berufliche und das private Feld. Klar: Wenn Sie wissen wollen, welcher Führungstyp Sie sind, ist es klug, Kolleginnen und Kollegen, Mitarbeitende und Führungskräfte zu befragen. Vielleicht sogar Kunden Ihres Vertrauens. Wenn Sie zum Beispiel erfahren möchten, wie Sie auf andere wirken oder wie wir in Stresssituationen reagieren, ist es zielführend,

Menschen aus dem privat-persönlichen Umfeld zu kontaktieren und zu befragen. Denn dort geben wir uns oft eher so, »wie wir wirklich« sind.

Wir kennen das Phänomen vom natürlichen und angepassten Verhalten, vom natürlichen und angepassten Verhaltensstil. Der natürliche Verhaltensstil repräsentiert unser privates Ich. Es handelt sich um den Teil unseres Verhaltens, den wir am wenigsten bewusst wählen. Er beruht auf unserem instinktiven Verhalten, dessen Basis unsere persönliche Lebensgeschichte ist. Diesen Verhaltensstil legen wir darum in Stresssituationen an den Tag, in denen wir uns unverfälscht und unverstellt aufführen.

Den angepassten Verhaltensstil hingegen entwickeln wir als Reaktion auf unser Umfeld. Wir begeben uns in eine soziale Rolle und verhalten uns so, wie es augenscheinlich von uns erwartet wird. Es handelt sich um das öffentliche Ich, das wir bewusst wählen und anderen zeigen wollen.

Das natürliche Verhalten, das private Ich zeigen wir eher im privaten Bereich. Darum ist es sinnvoll, sich Klarheit über sich selbst und das Verhalten als Führungskraft im Austausch mit Menschen im beruflichen *und* im privaten Umfeld zu verschaffen.

Wählen Sie dabei auch eher ungewöhnliche Gesprächspartner, an die Sie im ersten Augenblick gar nicht denken, beispielsweise an Menschen, von denen Sie wissen, dass diese Sie nicht mögen, ablehnen oder besonders kritisch über Sie urteilen. Gehen Sie mit diesem Feedback konstruktiv um, springen Sie über Ihren Schatten und erkennen Sie auch in der harschen Kritik die produktiven Ansatzpunkte, die Ihnen bei Ihrer Weiterentwicklung als Mensch und Führungskraft weiterhelfen. So erhalten Sie Aufschluss zu Ihren blinden Flecken, also zu den Bereichen, die Ihnen selbst nicht oder kaum bewusst sind, etwa unbewusste Einstellungen, Haltungen und Gewohnheiten, aber auch zu Vorurteilen und Abneigungen.

Auf diese Weise ergibt sich so etwas wie ein 360-Grad-Feedback zu Ihrer Persönlichkeit und Ihren Verhaltensweisen.

Impuls 3: Klarheit durch Verhaltens- und Kommunikationstypologien

Seit Menschengedenken ordnen wir Menschen in Typenklassen ein, um uns den Umgang mit ihnen zu erleichtern. Denken Sie nur an eine der ältesten Typologien, an die Temperamentlehre des Hippokrates, der 460-370 vor Christus gelebt und gewirkt hat. Die Temperamentlehre des griechischen Arztes basiert auf der Einteilung nach der Körperflüssigkeit, die einen Menschen ganz besonders beeinflusst. Demnach gibt es

- den kreativ-impulsiven, energiegeladenen Sanguiniker, der voller Energie in seiner heiteren und lebenslustigen Art spannende Möglichkeiten findet, mit Problemen umzugehen,
- den ruhig-sachlichen und harmoniesüchtigen Phlegmatiker, der als friedliebender Mensch Konflikten lieber aus dem Weg geht und, häufig abwartend bis zur Passivität, auf das Bewährte und auf Sicherheit setzt,
- den Melancholiker, der sich reflektierend mit der Frage beschäftigt, ob er auf dem richtigen Weg ist, und dabei in eine tiefe Depression zu fallen droht, und
- den dominanten Choleriker, der angesichts unerwarteter Probleme und Schwierigkeiten rasch in Rage gerät – dabei kommt ihm die sprichwörtliche Galle hoch. Dennoch ergreift er gern die Initiative und räumt Hindernisse mit einem Kraftakt aus dem Weg.

Die fast 2500 Jahre alte typologische Einteilung ist der Vorbote und das Vorbild all jener Verhaltens- und Kommunikationstypologien, die die Menschen in mindestens vier Klassen einteilen und von dominant-beherrschenden, inspirierend-impulsiven, stabil-beziehungsorientierten und analytisch-sachlichen Typen reden. In diesem Werte- und Motivkompass bewegen sich die Menschen zwischen dem introvertiert-zurückhaltenden und extravertiert-vorantreibenden Pol einerseits sowie dem aufgaben-/sachorientierten und beziehungsorientierten Pol andererseits. Sie sehen also: Das Rad wird nicht jeden Tag neu erfunden, die meisten Verhaltens- und Kommunikationstypologien und Persönlichkeitsdiagnostiktools gehen auf dieselbe Wurzel zurück.

Es waren vor allem die Forschungen von William Moulton Marston und Carl Gustav Jung, die zu einer Weiterentwicklung der typologischen Einteilung menschlichen Verhaltens führten und schließlich zur Ausarbeitung zahlreicher Verhaltens- und Kommunikationstypologien führten: Insights Management Development Instrument, AECdisc, Struktogramm, DISG, Myers Briggs Type Indicator, Herman Dominance Inventory und Limbic lassen grüßen!

Entscheidend ist zum einen die Feststellung, dass es all diese Typen nie in Reinkultur gibt, sondern immer Mischungen die Regel sind. Es gibt allerdings meistens zwei oder mehr Eigenschaften, die dominieren.

Zum anderen darf eine Typologie nie den Blick auf die Individualität und Einzigartigkeit des einzelnen Menschen versperren. Darum: Nutzen und setzen Sie die Verhaltens- und Kommunikationstypologien stets nur als unterstützende Hilfsinstrumente ein, und zwar mit äußerster Vorsicht.

Die Ergebnisse einer Verhaltens- und Kommunikationstypologie müssen immer im Gespräch überprüft werden. Und auch bei der Selbsteinschätzung sollten Sie sich nie auf die Typologien allein verlassen, sondern sie lediglich als unterstützende Instrumente verstehen, um sich Ihrem wahren Ich anzunähern.

Wir haben bereits bei der Diskussion zur Generationenzugehörigkeit gesehen, wie kontraproduktiv die Einsortierung der Menschen in stereotype Schubladen ist. Trotzdem gilt: Solange Sie die (durch die Typologie erstellte) Landkarte nicht für die Landschaft halten, helfen Ihnen die Verhaltens- und Kommunikationstypologien dabei, Ihrem Typ auf die Spur zu kommen, auch Ihrem Führungstyp.

Impuls 4: Klarheit durch Fokussierung

Versuchen Sie doch einmal, sich auf das Wesentliche zu konzentrieren und einen Avatar Ihrer selbst zu kreieren. Sie kennen die Methode aus dem Marketing oder der Werbung, bei der das Bild eines idealen Kunden oder idealen Interessenten gemalt wird. In Analogie dazu zeichnen Sie jetzt ein Bild Ihrer selbst, von Ihrem persönlichen Lieblingsmenschen. Beachten Sie dabei:

> **Es geht nicht in erster Linie darum, sich nun entsprechend zu verändern oder dem Avatar anzupassen. Es geht vielmehr darum, dass Sie zur besten Version Ihrer selbst werden und sich zu dem Menschen entwickeln, der Sie wirklich sind.**

Dazu kursiert im Internet eine anschauliche Geschichte, deren Wahrheitsgehalt allerdings umstritten ist: Demnach wurde der Renaissance-Künstler Michelangelo (1475–1564) einst gefragt, wie er seine David-Skulptur geschaffen habe. Er hatte sie angeblich aus einem einzigen Marmorblock gehauen. Seine Antwort: »Die Figur war schon in dem rohen Stein drin. Ich musste nur noch alles Überflüssige wegschlagen.« Ähnlich verhält es sich mit der Erstellung Ihres Avatars und der Freilegung Ihres wahren Ichs oder Persönlichkeitskerns, der bereits in Ihnen enthalten ist und nun von Ihnen »nur noch« im Selbstreflexionsprozess freigelegt werden muss.

Bei der Annäherung an Ihr wahres Ich sollten Sie zudem in der Lage sein, einen Elevator Pitch zu sich selbst zu formulieren, also eine kurze, knappe und bündige Fahrstuhl-Präsentation Ihrer Individualität. Das Ziel: Während der Fahrt in einem Aufzug erläutern Sie Ihrem Gesprächspartner in knapp 30 Sekunden Ihr Wesen und Ihre Einzigartigkeit verständlich und nachvollziehbar.

Statement von Abdullah Maywand, CSM Maywand Hausmeisterservice, Jahrgang 1980. Abdullah Maywand gehört zur Generation X.

»Erst, als ich wusste, was ich wirklich wollte, hatte ich auch die Power, Energie und Kraft, an das Ziel zu glauben und es erfolgreich zu erreichen.«

Impuls 5: Klarheit durch den Blick in die Vergangenheit

Wie waren Sie eigentlich als Kind? Oder anders formuliert: Nutzen Sie den Blick in Ihre Vergangenheit, um sich Ihrem Persönlichkeitskern anzunähern und ihm auf die Spur zu kommen. Suchen Sie das Gespräch mit Menschen, die Sie als Kind, Jugendlicher oder junger Mensch kennen. Wie sehen und beurteilen diese Personen Sie und Ihre Entwicklung? Was haben diese Menschen »früher« von Ihnen und Ihrer möglichen Entwicklungsgeschichte vermutet und gedacht? Welche Potenziale haben sie in Ihnen vermutet? Wie haben sie die Frage »Was wird aus diesem Kind/Jugendlichen einmal?« beantwortet?

Vielleicht kennen Sie den Spielfilm »Der Junge muss an die frische Luft«, der nach der Autobiografie von Hape Kerkeling »Der Junge muss an die frische Luft – Meine Kindheit und ich« gedreht worden ist und 2018 ein großer Kinoerfolg war. Am Schluss der Verfilmung der Kindheitserinnerungen gibt es eine Szene, die mich sehr bewegt hat. Dort laufen alle Verwandten und Freunde Hape Kerkelings über eine Wiese, der kleine Hans-Peter dreht sich um und erblickt den erwachsenen Hape, der ihm zuwinkt. In diesem Moment wird dem erwachsenen Kerkeling klar, wie sehr ihn all diese Verwandten und Freunde geprägt und dazu beigetragen haben, der zu werden, der er ist.

Für mich zeigt diese Filmsequenz, wie lohnend und zielführend es ist, sich bei der Suche nach unserem wahren Ich mit der Vergangenheit und all den Menschen zu beschäftigen, die uns auf unserem Lebensweg begegnet sind.

Ergänzen Sie den Blick in die Vergangenheit durch die Beschäftigung mit der Frage, an welche spezifischen Glücksmomente Sie sich erinnern, aber auch an die Situationen, die Ihnen aus anderen Gründen nachhaltig im Gedächtnis haften geblieben sind.

Impuls 6: Klarheit durch den Blick in die Zukunft

Wir wechseln nun die Perspektive: Schauen Sie in die Zukunft und setzen Sie sich mit der Frage auseinander, was von Ihnen bleiben soll und wie die Menschen Sie in Erinnerung behalten sollen. Was soll in der Zeitung stehen, die nach Ihrem Tod erscheint und in der sich ein Artikel mit Ihrem Leben beschäftigt?

Wahrscheinlich kennen Sie den Selbstcoachinghinweis, sich vorzustellen, was einst an Ihrem Grab auf Ihrer Beerdigung über Sie gesagt werden soll. Welche Inhalte würde eine Trauerrede umfassen, die Sie über sich selbst schreiben wollen? Zu hoffen ist, dass es Ihnen nicht wie den Menschen ergeht, die von der Palliativpflegerin Bronnie Ware befragt worden sind und deren bewegende Antworten Sie in ihrem Buch »The Top Five Regrets of the Dying« finden. Unter den Dingen, die die Sterbenden am meisten bereuen, befindet sich auch die Aussage, sie bereuten es, nicht den Mut gehabt zu haben, ihr eigenes Leben zu leben und das getan zu haben, was sie tun wollten.[2]

Der Impuls 6 umfasst mehr als den makabren Hinweis, sich mit seinem Nachleben zu beschäftigen. Der Impuls motiviert Sie dazu, die wesentlichen Ereignisse Ihres Lebens, die Wendepunkte und Ihr Lebensmotto zu thematisieren und zu erforschen, wer Sie wirklich sind. Denn nun liegen die wirklich existenziellen Fragen auf dem Tisch: Wofür sollen die Menschen Sie lieben und respektieren? Welche Menschen dürfen Sie zu Ihren wahren Freunden zählen – und warum?

Die Trainerin Ingrid Häuser[3] schlägt vor, sich bei der Verfassung der eigenen Grab- und Trauerrede unter anderem zu fragen, was man gern in die Welt bringen möchte, durch das sich ein Unterschied zu anderen Menschen ergibt, und ob es etwas Größeres im Leben gibt, wofür man brennt.

Entscheidend ist, sich mithilfe der Verfassung der eigenen Trauerrede mit seinem Leben und seinen Lebensschwerpunkten zu beschäftigen und auf diese Weise Aufschluss über den Persönlichkeitskern und sein Wesen zu erhalten.

Impuls 7: Klarheit durch Differenzierung

Ich möchte es zum Schluss dieses Kapitels noch einmal betonen: Es geht mir nicht darum, Ihnen einen eindeutigen Pfad zu Ihrem Persönlichkeitskern oder wahren Wesen aufzuzeigen. Denn diesen Pfad gibt es nicht. Wer so etwas verspricht, handelt unlauter. Aus meiner Sicht ist die permanente Selbstbefragung und Selbstreflexion der Königsweg, sich seinem Wesenskern zumindest anzunähern. Entscheidend sind die Fragen, die wir dabei an uns selbst richten. Je besser, punktgenauer und differenzierender die Fragen, desto größer ist die Wahrscheinlichkeit jener Annäherung.

Darum greifen Fragen wie »Wer bin ich?« oder »Wie ticke ich?« zu kurz. Notwendig sind Fragen wie etwa:

- »Wie ticke ich als Werte-Wesen, das auch in seiner Arbeit und in seinem Job diejenigen Werte verwirklichen und leben möchte, die ihm wichtig sind?«
- »Wie ticke ich als Ego-Wesen, also als Wesen, das auch auf seinen Eigennutz blickt?«
- »Wie ticke ich als Sozial-Wesen, das in einer Gemeinschaft lebt, nach Zugehörigkeit strebt und wissen will, was die anderen Menschen über mich denken und wie sie mich beurteilen?«
- »Wie ticke ich als emotionales Wesen, das von Gefühlen angetrieben wird, Angst empfindet und Entscheidungen immer auch emotional trifft?«
- »Wie ticke ich als rationales Vernunft-Wesen, das Situationen und andere Menschen kontrollieren und zudem Macht ausüben will, aber in seiner Tätigkeit auch Sinn erkennen möchte?«
- »Wie ticke ich als leistungsorientiertes Wesen, das sich ständig vergleicht, den Wettbewerb sucht und andere übertrumpfen möchte, aber bei der Leistungserbringung immer auch Glücksgefühle empfinden will?«

Das sind nur einige Vorschläge für differenzierende Fragen, die dazu führen können, die Aussagekraft Ihrer Selbstreflexionen zu erhöhen.

Nehmen Sie sich Zeit zur Selbstreflexion

Greifen Sie zu Ihrem Reflexions-Notizbuch:

- Welche der sieben Impulse wollen Sie wann und wie nutzen, um der Aufforderung »Erkenne dich selbst« noch besser nachzukommen?

Fazit: Das Wichtigste im Überblick

- Gute Führung beginnt stets bei der Führungskraft, beginnt also immer bei sich selbst.
- Selbst(er)kenntnis und Menschenkenntnis sind die zwei Seiten derselben Medaille.
- Bei der Selbst(er)kenntnis ist entscheidend, sich insbesondere mithilfe der Selbstreflexion seinem Persönlichkeitskern und wahren Ich Schritt für Schritt anzunähern. Mehr als eine Annäherung ist nicht möglich.

Was Sie jetzt sofort tun sollten

- Nun gibt es nur noch eines zu tun: Ab in die Selbstreflexion!
- Werden Sie zu der besten Version Ihrer selbst.

5 Setzen Sie sich klare Ziele

Kapitelcheck

Übersicht zu den wichtigsten Kapitelinhalten

Der Selbst(er)kenntnis folgt die Zielfestlegung »aus einem Guss« und die Zielerreichung. Entscheidend dabei sind vier Schritte: Emotionales Warum erkennen – Kernbotschaft festlegen – Aktivitäten planen – Selbstverpflichtung eingehen.

Ihr Nutzen

Durch eine stringente Zielplanung gelingt es Ihnen, eine Kernbotschaft zu formulieren, die Ihre Handlungen fokussiert und steuert.

Am Anfang ist das Ziel

Am Anfang jeder erfolgreichen Tätigkeit steht das Ziel. Wer sein Ziel nicht kennt, weiß auch nicht, welche Wegstrecke er einplanen und gehen muss. Ihm ist unbekannt, welche Verpflegung (Energien) er mitnehmen sollte und wann und von wo er starten muss (Umsetzung). Zudem kann er nicht überprüfen, auf welchem Teilabschnitt des Weges zum Ziel er sich befindet. Das heißt: Ohne Ziel ist alles nichts. Und darum erfahren Sie jetzt, wie Sie Ihre Ziele festlegen können, und zwar mit einer Verbindlichkeit, die die Verwirklichung der Ziele mehr als wahrscheinlich macht.

In vier Schritten zur klaren Zielsetzung

Nutzen Sie die folgenden Schritt-für-Schritt-Hinweise, um die Ziellinie zu überschreiten. Im Fokus steht Ihre Lebensvision, aus der sich Ihre Ziele sauber ableiten lassen.

Schritt 1: Das emotionale Warum erkennen

Wir Menschen interessieren uns nicht nur für das »Was« und »Wie«, sondern auch und vor allem für das »Warum«: das Warum unseres Lebens, unserer Handlungen, unserer beruflichen Tätigkeit. Viele Menschen scheitern, weil sie zwar ihre Ziele, nicht aber die Gründe benennen können, warum die Zielerreichung für sie so eminent bedeutsam ist. Sie verfügen über kein klares Bild der Werte, die Ihnen wichtig sind.

Wie motivierend ein »Warum« sein kann, möchte ich Ihnen an einem Beispiel erläutern: Ein Freund von mir, der (immer noch) in der Versicherungsbranche tätig ist, war vor knapp zehn Jahren ein recht erfolgreicher Mitarbeiter seines Unternehmens. Er erfüllte stets die Zielvorgaben seines Abteilungsleiters, ohne aber zu den Topleuten zu gehören. Dann sah er Vaterfreuden entgegen – und das Kind wurde mit einem schweren Herzfehler geboren. Das veränderte sein Leben schlagartig – sein privates sowieso, aber auch sein berufliches. Er sagte damals zu mir: »Ady, ich weiß jetzt genau, wofür ich arbeite: Nicht nur, um über die finanziellen Möglichkeiten zu verfügen, die es mir erlauben, meiner Tochter die beste gesundheitliche medizinische Versorgung zu ermöglichen und ihr später bestimmte Bildungschancen zu eröffnen. Ich weiß nun, dass es da jemanden gibt, der sehr auf mich angewiesen ist, nicht nur materiell, sondern auch emotional und vor allem auf meine Zeit, die ich mit ihr verbringe, auf meine Zuwendung und meine Hilfe. Meine Tochter, ihr Wohlergehen und ihre Gesundheit sind mein Lebenssinn.«

Dieser Freund absolvierte dann gleich mehrere Entwicklungsprogramme, arbeitete gezielt an der Verbesserung seiner Stärken und der Entwicklung seiner Potenziale – auch, indem er seine Führungskraft um tatkräftige Unterstützung bat – und erreichte schließlich sein Ziel, zu den Topleuten des Versicherungsunternehmens zu gehören. Und zwar bis heute. Er hat seine beruflichen

Ziele erreicht – und er kann seiner Tochter der Vater sein, der er zu sein wünscht.

Warum nur erreichen so viele Menschen nicht, was sie sich vorgenommen haben? Nun, sie schaffen sich keine ausreichend zwingenden Gründe, um ihre Ziele auch dann zu verfolgen, wenn es einmal schwierig wird.

Doch erst, wenn Sie sich Ihrer Werte bewusst sind, sich Ziele setzen und sich dabei Ihre Gründe klar machen, aus denen heraus Sie diese Ziele formulieren, sichern Sie sich einen langfristigen Motivationsschub und die notwendige Energie, die zur Zielerreichung erforderlich ist.

Ihre Gründe sind Ihr Motor zur Zielerreichung – das zeigt sich zum Beispiel dann, wenn wir nach einem großen Erfolg, etwa nach einem erfolgreichen Geschäftsjahr, von unseren Mitmenschen gefragt werden: »Was waren deine *Gründe*, so beharrlich zu arbeiten, wie hast du es schließlich geschafft ...?«

Ich bin sicher, dass die Geschichte meines Freundes aus der Versicherungsbranche den Schlüssel beinhaltet, der das Geheimnis nachhaltigen Erfolgs ist: Es geht um das emotionale Warum. Wenn das, was Ihnen wirklich wichtig ist und wovon Sie täglich träumen, sich weniger auf einer materiellen Ebene abspielt, sondern auf einer immateriellen, dann sind Sie in der Lage, daraus eine Kernbotschaft abzuleiten, die Ihr Leben legitimiert, steuert und fokussiert. Das Bewusstsein, für ein gutes Leben der Tochter zu arbeiten und zu kämpfen, bewegt und motiviert jenen Freund mehr als jedes Incentive. Denn er weiß nun, wofür er täglich aufsteht und sich in das Abenteuer »Versicherungsgeschäft« wirft.

Nehmen Sie sich Zeit zur Selbstreflexion

Greifen Sie zu Ihrem Reflexions-Notizbuch:

- Gibt es in Ihrem Leben ein emotionales Warum? Beschreiben Sie es so deutlich wie möglich.
- Was könnte zukünftig das emotionale Warum Ihres Lebens sein?

Schritt 2: Kernbotschaft festlegen

Nennen Sie Ihre Lebensvision, Ihren Leitstern, Ihren Nord- oder Polarstern oder auch einfach nur Ihr wichtigstes und oberstes Ziel: Der zentrale Punkt ist stets, so exakt wie möglich in Worte zu fassen, was Sie in Ihrem Leben und mit Ihrem Leben erreichen wollen und daraus eine Kernbotschaft abzuleiten. Anke Nienkerke-Springer fasst es so zusammen: »Eine Kernbotschaft ist geeignet, den Satz ›Ich bin geboren, um …‹ zu ergänzen.«[1] Für mich steht fest: Wenn es Ihnen gelingt, Ihr (emotionales) Warum in eine Kernbotschaft zu transformieren, entsteht eine ungeheure Umsetzungsdynamik. Diese entfaltet sich, wenn Sie bei der Formulierung Ihrer Lebensvision, Ihres Leitsterns, Ihres Nord- oder Polarsterns, Ihres oberstes Ziel die folgenden Punkte beachten.

Ideensammlung zur Lebensvision erstellen

Schreiben Sie knapp 15 Minuten lang alles auf, was Sie in Ihrem Leben haben, tun, sein, schaffen, geben, entdecken und erreichen wollen. Vermeiden Sie es dabei, Denkbarrieren zu errichten: Sie können sowohl materielle Dinge als auch immaterielle oder rein emotionale Aspekte thematisieren. Beziehen Sie unbedingt alle Lebensbereiche ein, die relevant sind, wie zum Beispiel Gesundheit und Fitness, Karriere und Beruf, Familie und Freizeit, Persönliches und Privates, Finanzen und Vermögen. Und dann drücken Sie Ihre Lebensvision in einfachen und verständlichen Worten aus.

Anke Nienkerke-Springer gibt ein Beispiel, das ich so treffend finde, dass ich es zitieren möchte.[2] 2014 erhielt Malala Yousafzai im Alter von 17 Jahren gemeinsam mit Kailash Satyarthi den Friedensnobelpreis für ihren Einsatz für die Gleichberechtigung von Frauen und Mädchen. Natürlich hat das persönliche Schicksal der in Pakistan geborenen Kinderrechtsaktivistin zu ihrer Bekanntheit beigetragen – sie wurde bei einem Attentat schwer verletzt. Ihr Einsatz für die schulische Bildung der weiblichen Bevölkerung hat sie fast ihr Leben gekostet. Bewundernswert sind ihre Unbeirrbarkeit und Konsequenz, mit der sie ihre Überzeugung in die Welt getragen hat, dass jedes Kind das Recht auf Bildung und ein Leben in Frieden hat. In ihrer Rede vor den Vereinten Nationen in New York im Juli 2013 hat sie ihre Kernbotschaft in diesem Satz zusammengefasst: »Ein Kind, ein Lehrer, ein Buch und ein Stift können die Welt verändern.«

Nehmen Sie sich Zeit zur Selbstreflexion

Greifen Sie zu Ihrem Reflexions-Notizbuch:

- Nehmen Sie an, Sie hätten die Möglichkeit, in New York vor den Vereinten Nationen zu sprechen: Welche Kernbotschaft würden Sie formulieren?

Lebensvision herunterbrechen

Leiten Sie aus Ihrer Lebensvision (oder Kernbotschaft) ab:

- Ihre privat-persönlichen Ziele, auch im Freizeitbereich,
- Ihre Ziele im kulturell-sozialen und gesellschaftlichen Bereich,
- Ihre beruflichen Ziele und Ihre Karriereziele,
- Ihre Ziele für Ihre derzeitige Tätigkeit und
- Ihre Ziele für alle weiteren Ihnen wichtigen Lebensbereiche.

Ziele positiv, schriftlich, messbar und zukunftsorientiert formulieren

Damit Sie diese Wünsche und Träume erreichen, formulieren Sie Ihre Ziele am besten so konkret wie möglich. Konzentrieren Sie sich auf das, was Sie möchten, und verschwenden Sie keine Zeit mit Dingen, die Sie ablehnen. Prüfen Sie, ob Sie Ihre Zielformulierungen ohne die Wörtchen »nein«, »nicht«, »keine« und Ähnliches niedergeschrieben haben. Denn das sind nur zielhemmende Blockade-Wörter.

Prüfen Sie, ob sich Ihre Ziele gegenseitig behindern und im Weg stehen, ob die einzelnen Ziele also kompatibel sind. Ich beobachte oft, dass insbesondere die beruflichen Ziele eines Menschen mit seinen privat-persönlichen Zielen in einem Widerspruch stehen. Hinzu kommt: Natürlich verfolgen wir in unterschiedlichen Lebensaltern unterschiedliche Ziele. Für die junge aufstrebende Abteilungsleiterin haben die beruflichen Ziele einen anderen Stellenwert als für die gutsituierte Angestellte.

Statement von Eike Scheibenhofer, medi GmbH & Co. KG, Jahrgang 1969. Eike Scheibenhofer gehört zur Generation X.

»Ich habe bei uns in der Firma festgestellt, dass die unterschiedlichen Lebensalter einen weitaus größeren Einfluss auf die Zielentscheidungen der Menschen haben als die Generationenzugehörigkeit. Es ist drittrangig, ob ein Mitarbeiter zu den Babyboomern oder zur Generation Z gehört. Aber für einen dreißigjährigen Mitarbeiter, der am Beginn seiner Laufbahn steht, haben berufliche Karriereziele einen anderen Stellenwert als für den Kollegen, der sich auf den Ruhestand vorbereitet.«

Und hier noch einige praktische Impulse: Definieren Sie Ihre Ziele stets schriftlich. So entwickeln sie eine größere Sogwirkung und Umsetzungskraft. Verknüpfen Sie die Ziele mit messbaren Kriterien, an denen Sie erkennen, dass ein Ziel erreicht worden ist. Vermeiden Sie Vergleiche wie »Ich möchte mehr als jetzt …« oder »Ich möchte besser sein als vorher …« – fokussieren Sie sich besser darauf, in Zukunft Ihre Ziele zu erreichen.

Überlegen Sie »zwischendurch« immer wieder, ob Ihre Ziele auch wirklich (noch) die Ziele sind, die Sie erreichen wollen. Das gilt insbesondere dann, wenn Sie Ihr emotionales Warum nicht eindeutig bestimmen und formulieren können. Vergegenwärtigen Sie sich, ob Sie sich auf dem richtigen Ziele-Weg befinden.

Formulieren Sie Ihre Ziele so, als ob Sie diese bereits erreicht hätten, beispielsweise: »Ich bin …, ich habe …« Verpflichten Sie sich zudem, Ihre Ziele auch zu verwirklichen – ganz egal, was kommt. Verbinden Sie gedanklich die Freude, den Nutzen und die Vorteile, die eintreten, wenn Sie Ihre Ziele erreicht haben, und den Schmerz und die Nachteile, die Sie haben, wenn Sie sie nicht erreichen. So entsteht eine Freude-Schmerz-Hebelwirkung, die Ihren Willen, sich für die Zielerreichung zu engagieren, verstärkt.

Zu guter Letzt: Setzen Sie sich Fristen und entwerfen Sie einen Zeitplan, in dem Sie festlegen, welches Ziel Sie bis wann verwirklicht haben möchten.

Aber Achtung!

Übertreiben Sie die Zielfokussierung nicht!

Der Grund: Mit Sicherheit wird es auf dem Weg zum Ziel zu Rückschlägen oder gar Niederlagen kommen. Gegebenenfalls müssen Ziele angepasst, korrigiert oder über Bord geworfen werden. Das ist kein Weltuntergang, sondern sollte der Startschuss für Sie sein, sich neue, vielleicht realistischere Ziele zu setzen oder die Zielerreichung auf einem anderen Weg anzugehen. Verabschieden Sie sich von der Erwartung, dass immer alles gelingen müsse – und dann auch noch sofort und ohne Komplikationen. Diese Erwartungshaltung muss zu Enttäuschungen führen.

Allerdings ist dies eine Enttäuschung, über die Sie sich sogar freuen dürfen, denn nun können Sie sich von der Täuschung befreien und verabschieden, es müsse stets alles sofort klappen.

Im Idealfall liegt Ihnen nun ein umfangreicher Zielkatalog vor, in dem an oberster Stelle Ihre Lebensvision und Ihre Kernbotschaft stehen, aus denen Sie alle anderen Ziele, bezogen auf alle Ihnen wichtigen Lebensbereiche, abgeleitet haben. Das heißt:

Vom Lebensziel über das berufliche Ziel bis zum Tagesziel – die Zielfokussierung erfolgt aus einem Guss.

Schritt 3: Aktivitäten festlegen

Die meisten Menschen, die ich in meinen Trainings und Coachings kennenlerne, glauben, mit der Zielformulierung und Zielfestlegung sei die Arbeit getan. Aber die eigentliche Arbeit beginnt jetzt erst. Denn nun geht es darum, die konkreten Aktivitäten festzulegen, die zur Zielerreichung führen. Neben dem Zeitplan sollten Sie also einen fundierten Aktivitätenplan erarbeiten. Das gilt für die kleinräumigen Tagesziele ebenso wie für das große umfassende Lebensziel, wobei Letzteres natürlich erheblich mehr Aufwand bedeutet und Schwierigkeiten nach sich zieht. Die Botschaft jedoch ist klar:

Die Aktivitätenliste ist der To-do-Weg, der zur Zielerreichung führen kann.

Nehmen Sie sich Zeit zur Selbstreflexion

Greifen Sie zu Ihrem Reflexions-Notizbuch:

- Erstellen Sie einen Umsetzungsplan, in dem Sie so detailliert wie möglich Ihre Ziele festlegen.
- Hinterlegen Sie jedes Ziel mit konkreten Aktivitäten, die zur Zielerreichung führen.

chritt 4: Sich zur Zielerreichung verpflichten

Bei einigen meiner Coachees ist mir aufgefallen, dass es ihnen an dem Willen mangelt, sich zur Zielerreichung zu verpflichten. Sie legen zwar Ziele fest, lassen es aber an der Konsequenz fehlen, alles für die Zielerreichung zu tun. Dieser Mangel zur Verpflichtung ist übrigens wiederum generationenübergreifend feststellbar. Ob Babyboomer, Generation X, Y oder Z: Menschen, denen es an Zielstrebigkeit mangelt, sind über die Generationen hinweg anzutreffen. Der Grund ist ein Tierchen, das bei so gut wie jedem Menschen anzutreffen ist: der innere Schweinehund, der uns einzureden versucht, das Ziel sei doch sowieso nicht erreichbar. Leider argumentiert der innere Schweinehund in der »Ich-Form«, und so ziehen wir uns selbst ständig herunter und machen uns selbst schlechter, als wir sind. Oft kommt er mit recht einsichtigen Gründen daher, wenn er etwa sagt: »Heute ist kein guter Tag, ich fühle mich nicht so gut, am besten, ich lasse es für heute sein, dann geht es mir besser!«

Der innere Schweinehund will immer über unsere Grenzen sprechen, über das, was wir nicht schaffen können. Darum sollten wir ihn unbedingt identifizieren und aufspüren – damit wäre bereits einiges gewonnen. Noch wichtiger ist, ihm mit einer Vielzahl von kräftigen Selbstverpflichtungen zu begegnen.

Selbstverpflichtung 1: Treffen Sie eine konkrete Entscheidung

Nachdem Ihre Ziele klar feststehen und Sie Ihre Aktivitäten detailliert ausgeführt haben, wissen Sie, welche Schritte Sie gehen müssen, um die gewünschten Ziele zu erreichen. Treffen Sie jetzt eine konkrete Entscheidung. Formulieren Sie dabei einen »Entscheidungssatz«, der eindeutig und nicht interpretierbar ist – nur dann bietet er dem inneren Schweinehund keine Angriffsfläche. Ein Beispiel: »Ich werde bis zum 31.07. dieses Jahres <Zielsetzung> durchführen, das bedeutet pro Tag / Woche <Aktivitäten>.«

Selbstverpflichtung 2: Schreiben und notieren Sie

Sie erhöhen die Verbindlichkeit Ihrer Zielsetzungen und Ihrer Aktivitätenplanung, indem Sie Ihre Ziele, Planungsschritte und Umsetzungsmaßnahmen schriftlich fixieren – denken Sie nur an Ihr Reflexions-Notizbuch.

Selbstverpflichtung 3: Legen Sie Konsequenzen fest

Denken Sie darüber nach, was genau Sie tun wollen, wenn Sie Ihre guten Vorsätze einmal versäumen. Was tun Sie stattdessen? Welche konkreten Konsequenzen ziehen Sie daraus?

Es ist immer wieder verblüffend zu beobachten, wie viele Gedanken sich Menschen darüber machen, was sie alles noch tun könnten, um ihre gesteckten Ziele zu erreichen. Doch nicht weniger wichtig ist es, sich Gedanken darüber zu machen, was es sie kostet, wenn sie den mit sich selbst vereinbarten Aktivitäten nicht nachkommen. Nehmen wir als Beispiel den beruflichen Bereich:

- Welche Folgen wird Ihre Zielverfehlung mit sich ziehen?
- Was bedeutet es finanziell für Sie?
- Wie wird es sich auf Ihr Selbstvertrauen auswirken?
- Welche Auswirkung hat dies in Bezug auf Ihren Arbeitsplatz?
- Welche Folgen hat dies für Ihre Lebensvision?

Wer sich die negativen Folgen der Nichterreichung der Ziele bewusst macht, wird noch motivierter versuchen, deren Verwirklichung doch noch zu ermöglichen.

Selbstverpflichtung 4: Kontrollieren Sie die Aktivitäten

Die Selbstkontrolle ist das wichtigste Steuerrad, um Ihr Zielschiff immer wieder auf Kurs zu bringen und in den Zielhafen zu manövrieren. Prüfen Sie, wo genau Sie stehen, wie weit Sie von der Ziellinie entfernt sind und bei welchen Aktivitäten Sie endlich (oder noch intensiver) in die Umsetzung gelangen müssen.

Selbstverpflichtung 5: Sorgen Sie für Öffentlichkeit

Teilen Sie die Ziele und Aktivitäten, die Sie sich vorgenommen haben, einer oder mehreren Personen Ihres Vertrauens mit. Dabei ist es gleichgültig, ob es sich um Ihre Kollegin, Ihre Führungskraft oder Ihren Lebenspartner handelt. Hauptsache, jemand weiß von Ihren Vorhaben. Diese Person sollte keine Hemmungen haben, Sie an Ihre Verpflichtung zu erinnern, und wird so einen Gegenpol zu Ihrem inneren Schweinehund bilden. Diese Person ermahnt Sie also weniger, als dass Sie sie zusätzlich motiviert und unterstützt.

Fazit: Das Wichtigste im Überblick

- Wenn Sie nicht wissen, wohin Sie wollen und wohin Ihr Weg Sie führen soll, ist jeder Weg der richtige.
- Darum ist es so wichtig, Ziele für die Lebensplanung zu nutzen.

Was Sie jetzt sofort tun sollten

- Der erste Schritt zur stringenten Zielplanung besteht in der Formulierung Ihrer Lebensvision und Ihrer Kernbotschaft, die Sie mit Ihrem emotionalen Warum verknüpfen.
- Aus Lebensvision und Kernbotschaft lassen sich alle anderen Ziele sauber ableiten.

6 Bringen Sie sich in einen ressourcenvollen Zustand

Kapitelcheck

Übersicht zu den wichtigsten Kapitelinhalten

Wer seine Ziele erreichen will, versetzt sich in einen guten physischen und psychischen Zustand. Im Fokus steht das Zustandsmanagement, mit dem es Ihnen gelingt, Ihre Kräfte, Energien und Ressourcen zu aktivieren.

Ihr Nutzen

Sie erfahren, welche Techniken und Methoden Sie nutzen können, Ihr Zustandsmanagement zu optimieren – und damit Ihr Selbstmanagement.

Im ressourcenvollen Zustand aus dem Vollen schöpfen

In vielen meiner Coachinggespräche wird mir die Absurdität der Unterteilung der Menschen in verschiedene Generationenklassen immer deutlicher. Denn ob Babyboomer oder Digital Native der Gen Z, ob Generation Golf oder Millennial oder Generation Y: Den meisten Menschen geht es doch vor allem darum, ein glückliches oder zumindest zufriedenes Leben zu führen. Sie wollen sich rundum wohlfühlen und aus ihrem Leben das machen, was sie sich vorgenommen haben.

Was die Menschen konkret unter einem glücklichen oder zufriedenen Leben verstehen, ist allerdings höchst subjektiv und unterschiedlich. Was so gut wie alle Gesprächspartner sich wünschen, ist, möglichst in einen förderlichen Zustand zu kommen, der der Zielerreichung dienlich ist. Dabei gilt:

- Im förderlichen Zustand leben wir zumeist Gefühle wie Freude, Liebe, innere Sicherheit, innere Stärke, Begeisterung aus. Dabei stehen uns unsere gesamten Ressourcen zur Verfügung. Wir schöpfen aus dem Vollen, aus einem ressourcenvollen Zustand. Unsere persönlichen Möglichkeiten sind dann unerschöpflich, und es ist vollkommen unerheblich, ob wir den Babyboomern, den Digital Natives oder der Generation X oder Y angehören.
- Im hinderlichen Zustand hingegen haben wir blockierende Gefühle, die uns hemmen und lähmen, etwas zu tun - zum Beispiel Trauer, Furcht, Schwäche, Angst, Verwirrung und Frustration. Die Möglichkeiten, die uns offen stehen, sind in diesem ressourcenarmen Zustand auf ein Minimum beschränkt. Es mag zwar Menschen geben, die gerade solche Gefühle benötigen, um etwas leisten zu können - das ist meiner Erfahrung nach jedoch die Ausnahme.

Bleibt die Frage, wie wir möglichst oft in einen förderlichen Zustand gelangen. Denn im ressourcenvollen Zustand gelingt uns vieles, was im ressourcenarmen Zustand nicht funktionieren kann.

Statement von Eike Scheibenhofer, medi GmbH & Co. KG, Jahrgang 1969. Eike Scheibenhofer gehört zur Generation X.

»Um in einen ressourcenvollen Zustand zu gelangen, nutze ich immer wieder die gleichen bewährten Erfolgsgewohnheiten. Was ein Mal funktioniert hat, wird wohl auch beim nächsten Mal klappen.«

Fünf Impulse für einen ressourcenvollen Zustand

Es geht im Folgenden nicht um jene (aus meiner Sicht) unsägliche Selbstoptimierung, bei der wir viel zu viel von uns verlangen und unerfüllbare Erwartungen an uns stellen. Menschen mit fatalem Selbstoptimierungszwang nutzen insbesondere die digitalen Möglichkeiten, um ihre mentale und körperliche Weiterentwicklung ständig zu kontrollieren und auf eine fast schon ungesunde Art und Weise voranzutreiben. Nein – ich möchte bescheidener argumentieren und Ihnen zeigen, wie Sie sich mithilfe der folgenden fünf Impulse in einen ressourcenvollen Zustand bringen und was Sie tun können, wenn Sie aus einem ressourcenarmen Zustand herausfinden wollen.

Impuls 1: Beenden Sie das Gerede vom halb vollen und halb leeren Glas

Niemand weiß so recht, ob die Geschichte stimmt oder nicht: Als die deutsche Fußballnationalmannschaft 1954 in Bern in der Schweiz gegen die übermächtigen Ungarn im Endspiel der Weltmeisterschaft stand, soll der damalige Nationaltrainer Sepp Herberger sinngemäß gesagt haben: »Meine Herren, Sie entscheiden darüber, ob das Glas halb voll oder halb leer ist! Wir haben in der Vorrunde 3-8 gegen die Magyaren verloren. Wir können nun mit gesenkten Köpfen und ohne Selbstbewusstsein in das Spiel gehen. Wir können aber auch kämpfen wie die Löwen. Denn bei Lichte betrachtet: Das Spiel steht für beide Mannschaften 0-0!«

Jeder kennt den Ausgang der Geschichte: Deutschland gewann das Spiel sensationell mit 3-2 und feiert noch heute »das Wunder von Bern«.

»Denn bei Lichte betrachtet«: Das ist für mich der entscheidende Satz. Unser Handeln orientiert sich nicht daran, wie die Welt ist, sondern daran, wie wir sie wahrnehmen. Der Pessimist sieht entsetzt, dass das Glas Wasser halb leer ist. Der Optimist freut sich über das halb volle Glas. Ein und derselbe Sacherhalt lässt sich positiv und auch negativ interpretieren. Und es gibt sogar noch einen dritten Weg, das Glas Wasser wahrzunehmen, nämlich den realistischen Blick: »Denn bei Lichte betrachtet« (also realistisch gesehen) ist noch etwas zu trinken da, wenn auch nicht mehr so viel. Das Glas ist zugleich halb leer und halb voll.

Übrigens: Der verdurstende Pessimist in der Wüste würde sich selbst über »das halb leere Glas« freuen – es ist halt immer eine Frage der Perspektive und der situativen Begleitumstände.

Verdeutlichen Sie sich, dass alles (mindestens) zwei Seiten hat. Die Dunkelheit gibt es nur, weil es die Helligkeit gibt. Schatten ist ohne Licht nicht denkbar. Analysieren Sie realistisch die Ist-Situation, stellen Sie die Vor- und Nachteile gegenüber, notieren Sie die Plus- und Minuspunkte. So finden Sie realistische und umsetzbare Lösungen und versetzen sich in einen förderlichen und ressourcenvollen Zustand, in dem Sie Ihre Potenziale ausschöpfen.

Es geht weniger darum, ob das Glas halb voll oder halb leer ist. Es geht um die realistische Einschätzung der Situation und darum, die angemessenen Schlüsse aus der Analyse zu ziehen und ins Handeln zu kommen.

Impuls 2: Balancieren Sie Ihre Lebensbereiche aus

Ressourcenvolles Zustandsmanagement führt zur inneren Stabilität, zur inneren Balance, zu einer stressbefreienden Abwechslung zwischen Phasen der Anspannung und Phasen der Entspannung. Niemand erreicht seine Ziele, wenn sie oder er immer nur im Status der Muße verbleibt oder ständig »unter Strom« und »under Fire« steht.

Sie versetzen sich in einen förderlichen Zustand, wenn Sie einen ganzheitlichen Blick auf den Menschen und seine Ressourcen werfen und Körper, Geist und Seele zugleich betrachten. Soll heißen: Halten Sie sich körperlich fit, ernähren Sie sich gesund und ausgewogen, bewegen Sie sich ausreichend, treiben Sie regelmäßig Sport – und trainieren Sie zugleich Ihren »Muskel« in Ihrem Oberstübchen. Der Mensch ist auch ein geistiges und spirituelles Wesen.

Wie Ihre innere und ganzheitliche Balance letztendlich ausschaut, können nur Sie selbst beurteilen und entscheiden. Meine

Erfahrung besagt: Vermeiden Sie jede Einseitigkeit und halten Sie Maß, ohne zu untertreiben oder zu übertreiben.

Ähnliches gilt für die Ausbalancierung der Lebensbereiche, mit denen Sie sich schon einmal im fünften Kapitel im Zusammenhang mit Ihrer Lebensvision und den Aspekten »Beruf«, »Familie und soziale Kontakte«, »Gesundheit und Fitness« sowie »Sinn und Kultur« beschäftigt haben. Welche der Lebensbereiche von besonderer Bedeutung für Sie sind, ist wiederum weniger abhängig von der Generationenzugehörigkeit, sondern von der konkreten Lebenssituation, in der Sie sich befinden. Ob Ihnen nun

- Arbeit und Leistung, Erfolg und Karriere oder
- Partnerschaft, Ehe und Familie, Freunde, Bekannte und Verwandte oder
- Gesundheit, Fitness, Sport, Bewegung und Entspannung oder
- Selbstverwirklichung, Kultur, Spiritualität und geistig-mentales Wachstum

… besonders wichtig sind, sollten und müssen Sie immer wieder aufs Neue entscheiden. Wobei ich vermute, dass es einen bunten Strauß mit unterschiedlichen Prioritätensetzungen geben wird – je nachdem, in welchen konkreten Lebensumständen Sie sich gerade befinden.

Es ist durchaus möglich, dass Sie für ein förderliches Zustandsmanagement früh am Morgen etwas für die Fitness tun und durch den Wald joggen, tagsüber im Job so richtig »ranklotzen« und sich abends um die Familie kümmern und dann noch in einem guten Buch lesen. Andererseits jedoch steht vielleicht in Ihrer jetzigen Lebensphase und -situation ein bestimmter Lebensbereich ganz besonders in Ihrem Fokus. Wiederum gilt:

Halten Sie Maß und Mitte, vernachlässigen Sie keinen der Lebensbereiche für einen längeren Zeitraum über Gebühr. So steigt die Wahrscheinlichkeit, in den Flow-Zustand zu kommen und da zu bleiben, in dem wir ganz und gar eins sind mit dem, was wir gerade tun, und darin aufgehen.

Impuls 3: Erhöhen Sie Ihre Resilienz und Ihre Widerstandsfähigkeit

Resilienz bedeutet, sich nach jedem Rückschlag, nach jedem Niederschlag zu schütteln, wieder aufzustehen, die Kräfte zu sammeln – und weiterzumachen. Eine gute Resilienz und eine ausgeprägte Widerstandsfähigkeit sind essenzielle Bausteine eines Selbstmanagements, das für die Entwicklung weg von einem ressourcenarmen und hin zu einem ressourcenvollen Zustand sorgt. So gelingt es Ihnen, in und an der Krise zu wachsen, Fehler als Lern- und Wachstumschancen zu begreifen und selbst die widrigsten Rahmenbedingungen als Startrampe für Fortschritte aufzufassen.

Resiliente Menschen verfügen meistens über eine optimistische Lebenseinstellung, haben ihre Emotionen im Griff, akzeptieren die Dinge so, wie sie sind, um das Beste daraus zu machen, und genießen eine hohe Selbstwirksamkeitserwartung. Sie wissen, dass sie Regisseure ihres Lebens sind, und schreiben Erfolge und Entwicklungsfortschritte sich selbst zu. Niemand anderem. Sie sehen sich als Akteure, nicht als Opfer, und sind sich sicher, sich auf ein stabiles Umfeld und Menschen verlassen zu können, die ihnen unterstützend zur Seite stehen.

Am Aufbau eines stabilen Umfeldes und eines Netzwerkes an Unterstützern sind sie aktiv beteiligt.

Die Frage ist, wie es gelingt, Resilienz und Widerstandsfähigkeit nachhaltig aufzubauen. Mein Vorschlag ist, diese fünf Tipps umzusetzen:

- Tipp 1: Bauen Sie ein stabiles Krisenmanagement auf. Warten Sie nicht, bis die Krise Sie im Würgegriff hält, sondern überlegen Sie sich frühzeitig Strategien und Maßnahmen, um problematische Situationen produktiv und konstruktiv zu meistern.

- Tipp 2: Legen Sie den Fokus auf das, was Ihnen in der Vergangenheit gelungen ist. Schöpfen Sie daraus Kraft und Energie für die Bewältigung gegenwärtiger und zukünftiger Herausforderungen.
- Tipp 3: Suchen Sie sich Stabilisatoren. Bei dem einen sind es Entspannungs- und Meditationsübungen, beim anderen ist es der Aufenthalt in der freien Natur (gern auf dem Motorrad, so wie das bei mir der Fall ist), und beim dritten der Theaterbesuch oder die Lektüre.
- Tipp 4: Suchen Sie offensiv nach sinnstiftenden zwischenmenschlichen Beziehungen. Denn ohne sie verdorrt der Mensch an Körper, Geist und Seele. Oft sind es die zwischenmenschlichen Beziehungen, die uns Halt und Stabilität verleihen und uns in einen guten Zustand versetzen.
- Tipp 5: Suchen Sie sich Unterstützung, im beruflichen Bereich zum Beispiel einen Mentor oder Coach, im privaten Bereich Menschen, mit denen Sie sich über »Gott und die Welt« austauschen können.

ıpuls 4: Reframen Sie, wo immer dies möglich ist

»Reframing« kommt von *frame* und bedeutet »Rahmen«, oder auch Umdeutung, Neurahmung oder Neuausrichtung. Ziel ist, eine Sache oder ein Verhalten in einen anderen oder neuen Rahmen zu stellen. Wir unterscheiden zwischen Kontextreframing und Bedeutungsreframing:

- Beim Kontextreframing wird eine Eigenschaft, die wir bei uns selbst oder bei einem anderen Menschen als negativ bezeichnen und bewerten, in einen anderen Zusammenhang gestellt, in dem sie von Nutzen ist. Aus einer vermeintlichen Schwäche wird, aus einem anderen Blickwinkel betrachtet, eine Stärke, die äußerst nützlich sein kann.
- Beim Bedeutungsreframing wird die Bedeutung eines Geschehens neu interpretiert. Warum reagiert ein Mensch so, wie er reagiert? Warum greift er uns an, welches Ziel verfolgt er? Das Bedeutungsreframing sucht nach der positiven Absicht oder nach dem positiven Nutzen.

Das folgende Zitat – das verschiedenen Personen in den Mund gelegt wird, meistens dem römischen Kaiser und Philosophen Marc Aurel – fasst Zweck und Ziel des Reframings zusammen: »Nicht die Dinge an sich sind es, die uns beunruhigen, sondern vielmehr ist es unsere Interpretation der Bedeutung dieser Ereignisse, die unsere Reaktion bestimmt.« Was heißt das konkret?

- Sie nutzen das Reframing, um einen blockierenden Glaubenssatz durch Perspektivenwechsel in einen neuen und förderlichen Rahmen zu setzen. Beispiel: Sie sind Verkäufer im hochpreisigen und komplexen B2B-Bereich und glauben, es lohne sich nicht, im Sommerloch zu akquirieren: »Ist ja sowieso niemand im Büro, sind alle im Urlaub. Und die Budgets sind bereits verteilt!«
- Jetzt kommt das Entscheidende: Diesen Glaubenssatz stellen Sie durch Perspektivenwechsel in einen anderen Rahmen: »Gerade im Sommerloch verfügen die Einkäufer über die Zeit, über die Zusammenstellung ihres Maschinenparks nachzudenken. Und zwar mit meiner Hilfe! Und in dieser Zeit schläft die Konkurrenz bestimmt, darum ist es klug, jetzt aktiv auf die Einkäufer zuzugehen. Also nichts wie ab in die Neukundenakquisition!«

Trennen Sie sich von hemmenden Glaubenssätzen und kommen Sie in einen ressourcenvollen Zustand, indem Sie sich durch Reframing neue Überzeugungen erarbeiten.

Impuls 5: In fünf Schritten förderlichen Zustand herstellen

Der bewusste Umgang mit dem Körper, den Gedanken, der Ernährung und den Emotionen hilft mir dabei, einen ressourcenvollen Zustand zu erreichen. Als unterstützendes Element verwende ich ein Ritual, mit dem vielleicht auch Sie in einen guten Zustand gelangen. Es beruht auf der Erfahrung vieler erfolgreicher Menschen im Umgang mit ihren Emotionen. Natürlich müssen Sie für sich selbst herausfinden, welche Strategie und Methode für Sie am besten geeignet ist. Trotzdem: Probieren Sie die fünf Schritte aus:

- Schritt 1: »Worauf richte ich meinen Fokus, um mich zu motivieren?« Konzentrieren Sie sich bei dieser Frage auf Ihre bisherigen Erfolge und Fortschritte.
- Schritt 2: »Welche motivierenden Bilder habe ich von meinen Erfolgen?« Visualisieren Sie Ihre Erfolge und Fortschritte. Was sehen Sie, wenn Sie diese Situationen und Gespräche noch einmal durchleben? Vielleicht bewundern Sie eine Person, die sich virtuos in diesen Situationen und Gesprächen verhält: Was zeichnet diese Person aus? Inwiefern dient sie Ihnen als Vorbild?
- Schritt 3: »Wie lauten meine fördernden Überzeugungssätze?« Machen Sie sich bewusst, wie Sie über Ihre Erfolge und Fortschritte denken. Wenn Sie gefragt werden: »Was bedeutet für Sie emotional, was lieben Sie daran?«, dann sind es die emotionalen Antworten auf diese Frage, die Ihnen helfen, in einen ressourcenvollen Zustand zu kommen.
- Schritt 4: »Welche Wiederholungsrituale nutzen mir?« Wie sind Sie konkret vorgegangen, um die Erfolge und Fortschritte zu erzielen? Wählen Sie immer wieder die gleiche oder zumindest eine ähnliche Vorgehensweise, wenn Sie in diese oder eine ähnliche Situation geraten. Nutzen Sie die Kraft der Wiederholung. Denn steter Tropfen höhlt den Stein, die Wiederholung ist die Mutter der Weiterentwicklung. Durch die tägliche Wiederholung entstehen Gewohnheiten. Und das führt langfristig zu Erfolgen. Das bedeutet:

Durch Wiederholung bilden Sie Erfolgsgewohnheiten aus.

- Schritt 5: »Wie bringe ich mich körperlich und mental in einen förderlichen Zustand?« Bringen Sie Körper und Geist in Schwung. Am besten mit Ihren individuellen Stabilisatoren, mit denen Sie sich in Impuls 3, Tipp 3, beschäftigt haben.

Nehmen Sie sich Zeit zur Selbstreflexion

Greifen Sie zu Ihrem Reflexions-Notizbuch:

- Individualisieren Sie die fünf Schritte aus Impuls 5, transferieren Sie das Ritual auf Ihre konkreten Herausforderungen.
- Notieren Sie die individualisierten fünf Schritte in Ihrem Reflexions-Notizbuch. Und dann nichts wie ab ins Trainingslager!
- Wiederholen Sie das Ritual vor jeder wichtigen Herausforderung.

Fazit: Das Wichtigste im Überblick

- Im ressourcenvollen Zustand gelingen uns unsere Vorhaben und Projekte besser als im ressourcenarmen Zustand.
- Bilden Sie Erfolgsgewohnheiten und Erfolgsrituale aus, mit denen Sie sich rasch in einen ressourcenvollen Zustand bringen.

Was Sie jetzt sofort tun sollten

- Wenn Sie sich in einem Flopp-Zustand – also einem ressourcenarmen Zustand – befinden, erinnern Sie sich am besten an Situationen, in denen Ihnen etwas gelungen ist, in denen Sie also eine Herausforderung oder eine schwierige Aufgabe gelöst haben.
- Diese Situationen müssen übrigens nicht immer aus dem beruflichen Umfeld stammen. Sie können sie ebenso aus dem privat-persönlichen Bereich herleiten.

Entwickeln Sie Ihre Potenziale und nutzen ie Ihre Energiequellen

Kapitelcheck

Übersicht zu den wichtigsten Kapitelinhalten

Sie optimieren Ihr Zustandsmanagement, indem Sie Ihre Potenziale und Kompetenzen analysieren und dabei konsequent Ihre Energiequellen ausschöpfen.

Ihr Nutzen

Sie gewinnen einen Überblick über Ihre Potenziale und Kompetenzen und etablieren ein Stärkenmanagement, ohne die Schwächen zu vernachlässigen. Zudem entdecken Sie Ihre Energieräuber und stellen sie vor Gericht.

tärken stärken und Schwächen schwächen

Was ist wichtiger: die Schwächen zu erkennen und auszumerzen? Oder die Stärken zu analysieren und konsequent an ihrer Weiterentwicklung zu arbeiten? Im Gespräch mit meinen Seminarteilnehmern und Coachees flammt diese Diskussion öfter auf – wobei meine Position klar ist: Natürlich ist beides erforderlich. »Ich bin der intelligenteste Mensch von Athen, weil ich alle meine Schwächen kenne« – dieser Spruch wird dem antiken Philosophen Sokrates zugeschrieben, der zudem skeptisch gesagt haben soll, er wisse, dass er nichts weiß. Der Spruch betont die Notwendigkeit und Sinnhaftigkeit, die persönlichen Schwächen zu kennen, um sie bekämpfen zu können: Schwächen schwächen ist das Motto.

Andererseits arbeiten wohl so gut wie alle erfolgreichen Menschen daran, ihre Stärken auszubauen: Stärken stärken – so der Leitspruch, der insbesondere von den Vertretern der Positiven

Psychologie hervorgehoben wird. Ryan M. Niemiec[1] spricht von 24 Charakterstärken, über die wir verfügen. Sie machen das wahre Ich eines Individuums und seinen Wesenskern aus.

Besonders relevant in diesem Zusammenhang sind die Signaturstärken, also die Stärken, die im Charakterstärken-Profil ganz oben rangieren. Die Vertreter der Positiven Psychologie plädieren dafür, im Rahmen der Kompetenz- und der Persönlichkeitsentwicklung die Charakterstärken und insbesondere die Signaturstärken weiter auszubilden. Feststellen lassen sich die Charakterstärken durch einen validierten Fragenbogen.[2]

Daniela Blickhan plädiert in ihrem Buch »Positive Psychologie« in Anlehnung an Ryan M. Niemiec dafür, die Signaturstärken wie folgt zu analysieren: »Nehmen Sie aus den 24 Stärken die fünf bis acht heraus, die Sie am besten beschreiben. Dann stellen Sie sich für jede einzelne die Frage: ›Wie wäre es für mich, wenn ich diese Stärke zwei Wochen lang **nicht** einsetzen könnte?‹ Die meisten Menschen erleben bei dieser Frage eine spontane, teils sehr intensive Reaktion, die zum Teil fast körperlich ausfällt. ›Das ist, als würde mir ein Arm auf den Rücken gebunden‹, ›… wie ein Schlag in die Magengrube‹, ›… dann wäre ich nicht mehr ich‹.« Diese Reaktionen lassen laut Blickhan den Rückschluss zu, dass es sich um eine Signaturstärke handelt.[3]

Stärken stärken *und* Schwächen schwächen: Das ist der Königsweg, der direkt zur Zielerreichung führt, Ihr Zustandsmanagement verbessert und Ihnen alle Möglichkeiten der Potenzialentwicklung eröffnet.

Mit fünf Impulsen alle Potenziale entfalten, entwickeln und nutzen

Entscheidend für unseren Zusammenhang der Potenzialentfaltung und Potenzialentwicklung ist, mithilfe von Kompetenzdiagnostiktools eine Stärken-und-Schwächen-Analyse durchzuführen, aber auch durch Selbstreflexion und Selbstbeobachtung unentdeckten und brachliegenden Kompetenzen und Potenzialen auf die Spur zu kommen. Diese Aspekte stehen im Mittelpunkt der folgenden Impulse.

Impuls 1: Entwickeln Sie Ihre Kompetenzen mithilfe von Tools

Diagnostiktools zur Kompetenzentwicklung und zur Persönlichkeitsanalyse bieten Ihnen Unterstützung, Ihre Stärken zu stärken und Ihre Schwächen zu schwächen. Welche Tools Sie anwenden, ist letztlich gleichgültig, denn das Grundprinzip bleibt stets das Gleiche und erfolgt in einem Dreischritt.

Schritt 1: Kompetenz-Soll – erforderliche Kompetenzen festlegen

In einem ersten Schritt – und dieser Schritt wird leider oft sträflich vernachlässigt! – steht die Analyse im Fokus, WOFÜR überhaupt Sie bestimmte Kompetenzen benötigen. Kompetenzentwicklung erfolgt nicht im luftleeren Raum. Vielmehr entwickeln Sie Ihre Kompetenzen, um Ihre Ziele zu erreichen. Nehmen wir zum Beispiel Ihre Rolle als Führungskraft: Um exzellente Führungsarbeit leisten zu können, brauchen Sie fachliche Fähigkeiten, methodische Fertigkeiten, soziale Kompetenzen zur Interaktion und Kommunikation sowie Persönlichkeitskompetenzen und zudem Handlungskompetenzen, um in die Umsetzung zu gelangen.

An dieser Stelle sollen keine komplexen Kompetenzbündel aufgeschnürt und im Detail erläutert werden, weil es überdies auch noch branchenspezifische Kompetenzen gibt und so gut wie jeden Tag neue Kompetenzsets das Licht der Berufswelt erblicken. Worauf ich hinauswill:

Überlegen Sie sich, über welche Kompetenzen Sie verfügen *müssen*, um Ihre Führungsarbeit bestmöglich absolvieren zu können. Definieren Sie den Ausprägungsgrad dieser Kompetenzen so exakt wie möglich.

Übrigens: Die Diagnostiktools zur Kompetenzentwicklung verfügen meistens über sogenannte Kompetenzstandardmodelle. Solch ein Kompetenzmodell umfasst zum Beispiel für Führungspositionen alle notwendigen Kompetenzen. Dieses Modell können Sie mit allen vorgegebenen Kompetenzen übernehmen (wenn es denn zu 100 Prozent auf Sie passt) oder Ihren Bedürfnissen, Vorstellungen und Rahmenbedingungen anpassen.

Schritt 2: Kompetenz-Ist – tatsächlich vorhandene Kompetenzen analysieren

Im zweiten Schritt geht es darum, mithilfe der einschlägigen Kompetenzdiagnostiktools das Vorhandensein und den Kompetenzgrad der vorhandenen Kompetenzen festzustellen.

Danach haben Sie einen guten Überblick über die unerlässlichen und die tatsächlich vorhandenen Kompetenzen, und zwar bezogen auf den jeweiligen Ausprägungsgrad. Vergessen Sie aber bitte nicht die Festlegung der Zukunftskompetenzen, also der Kompetenzen, die mit einiger Wahrscheinlichkeit zu einem späteren Zeitpunkt gefragt sein könnten. Natürlich: Mit der Frage nach den zukünftigen Kompetenzen betreten Sie ein weites Feld, denn bekanntlich sind »Prognosen äußerst schwierig, vor allem, wenn sie die Zukunft betreffen«.[4] Sie sollten aber trotzdem versuchen, die möglichen Zukunftskompetenzen zu bestimmen.

Ich halte fest – bei der Kompetenzentwicklung sind drei Fragen entscheidend:

- Frage 1: Welche Kompetenzen sind gegenwärtig notwendig, damit Sie Ihre Kernaufgaben bestmöglich erfüllen können?

- Frage 2: Welche Kompetenzen sind zukünftig (in drei bis fünf Jahren) erforderlich, damit Sie Ihre zukünftigen Schlüsselaufgaben bestmöglich erfüllen können?
- Frage 3: Welche Kompetenzgrade (Ausprägungsgrade) sind jeweils notwendig?

Schritt 3: Abgleich fahren und Lücken schließen

Nun starten Sie einen Kompetenzabgleich, indem Sie die unerlässlichen und die vorhandenen Kompetenzen in Beziehung setzen. So kommen Sie Ihren Kompetenzlücken auf die Spur, die Sie schließlich mit geeigneten Weiterbildungen, Entwicklungsprogrammen und Schulungen nach und nach schließen.

Statement von Antje Horst, SensCity Hotel Berlin, Jahrgang 1982. Antje Horst gehört der Generation Y an.

»Seitdem wir mit Kompetenzdiagnostiktools arbeiten, setzen wir unsere Mitarbeitenden auf genau den Arbeitsplätzen ein, auf denen sie ihre Potenziale voll entfalten und ihre Stärken optimal einsetzen können. Die Anforderungsprofile und die Qualifikationsprofile stimmen nun überein.«

mpuls 2: Entfalten Sie Ihre Potenziale durch elbstbeobachtung

Diagnostiktools zur Potenzial- und Kompetenzentwicklung sowie zur Persönlichkeitsanalyse sind hilfreich, sollten jedoch stets durch Ihre Selbstwahrnehmung und Selbstbeobachtung begleitet und unterstützt werden. Nutzen Sie dazu den erwähnten Dreischritt und beschreiben Sie den Soll-Zustand und den Ist-Zustand Ihrer Potenziale in Ihren Worten: Welche Potenziale haben Sie, in welche Richtung wollen Sie sich entwickeln? Nehmen Sie dazu die Helikopterperspektive ein, gehen Sie zu sich selbst auf Distanz, gewinnen Sie Klarheit über sich selbst, indem Sie sich aus der Vogelperspektive betrachten.

Nehmen Sie sich Zeit zur Selbstreflexion

Greifen Sie zu Ihrem Reflexions-Notizbuch:

- Gehen Sie zu sich selbst auf Distanz.
- Welche Kompetenzen benötigen Sie, um Ihren Aufgaben bestmöglich nachkommen zu können?
- Wie schaut es mit dem Ausprägungsgrad dieser Kompetenzen aus?
- Wie schließen Sie die festgestellten Lücken?

Impuls 3: Unterstützen Sie Ihre Potenzialentwicklung durch Fremdbeobachtungen

Die Selbstbeobachtung ist manchmal ein unsicherer Kantonist, weil sie natürlich subjektiv gefärbt ist. Ziehen Sie darum andere Personen hinzu, die Sie gut kennen, denen Sie vertrauen und die Sie um ein Feedback zu Ihren Potenzialen und Kompetenzen bitten. So ist die Wahrscheinlichkeit groß, Aspekte in Ihrem Persönlichkeits- und Kompetenzprofil zu entdecken, die Sie selbst einfach nicht erkennen können, und Ihre »blinden Flecken« aufzuhellen.

Im beruflichen Bereich sollten Sie die Möglichkeit nutzen, ein 360-Grad-Feedback einzuholen, indem Sie:

- mit Menschen Rücksprache halten, die in der Hierarchie über Ihnen stehen, aber zugleich
- mit Kolleginnen und Kollegen in die Diskussion gehen,
- sich mit Ihren Mitarbeitenden kurzschließen und
- auch – falls möglich – mit Kunden das Gespräch suchen: Was halten die Kunden von Ihren Kompetenzen?

Sinn und Zweck ist es, Feedback aus möglichst zahlreichen und vor allem verschiedenen Perspektiven zu erhalten, die sich zu einem Gesamtbild fügen.

Holen Sie Feedback von Menschen ein, von denen Sie wissen, dass sie Ihnen gegenüber mehr als kritisch eingestellt sind. Dieses Feedback bringt Sie mehr voran als jede Lobhudelei. Hören Sie nicht weg, wenn es vorsichtige und leise Hinweise auf Ihre (angebliche) Inkompetenz gibt.

Impuls 4: Kompetenzlücken kompensieren

Nutzen Sie die bisherigen Impulse, um Ihre Kompetenzen auszubauen und Ihre Stärken zu stärken. Impuls 4 fällt eher in den Bereich der Schwächung Ihrer Schwächen und der Ausmerzung Ihrer Defizite. Wie zum Beispiel schaut es mit Ihrer Weiterentwicklung aus, etwa im digitalen und technologischen Bereich? Ist eine Anpassung oder Erweiterung Ihres Verhaltensrepertoires erforderlich? Ich möchte nicht so weit gehen, dass Sie sich über Ihre Defizite und Kompetenzgaps freuen sollten – aber verhält es sich nicht wie bei Fehlern? Ein Fehler ist zunächst einmal nichts anderes als ein Resultat auf dem Weg zum Ziel, nicht mehr und nicht weniger. Er sollte keinen Anlass bieten, den Kopf in den Sand zu stecken, sondern vielmehr Motivation sein, aus ihm zu lernen und ihn als Chance willkommen zu heißen, es bei nächster Gelegenheit besser zu machen. Das heißt: Ein Defizit oder eine analysierte Kompetenzlücke ist – wie ein Fehler – der Startschuss zu einem Lernprozess oder einer Weiterentwicklung.

Mein Vorschlag ist, Begriffe wie »Defizit« und »Kompetenzlücke« von ihrem Negativimage zu befreien. Denn natürlich haben Sie Defizite und Schwächen, wie sollte es auch anders sein! Selbst die erfolgreichsten und kompetentesten Menschen weisen irgendwelche Defizite und Schwächen auf. Entscheidend ist Ihr Umgang mit ihnen. Erinnern Sie sich doch nur an die Aussprüche »Ich bin der intelligenteste Mensch von Athen, weil ich alle meine Schwächen kenne« und »Ich weiß, dass ich nichts weiß«.

Die Fähigkeit, die eigenen Schwächen anzuerkennen und nicht zu verdrängen, um aus ihnen lernen zu können, gehört zu den großen Stärken erfolgreicher Menschen.

Es sind (auch) die Schwächen, die uns Anlass geben, lebenslang zu lernen und sich immer wieder die Frage vorzulegen: »Welche Chancen und Möglichkeiten kann ich heute nutzen, um noch besser zu werden und meinen Zielen einen entscheidenden Schritt näherzukommen?«

Impuls 5: Energieräuber verhaften

Es gibt in den Unternehmen viel zu viel Potenzialvergeudung und Potenzialverschwendung. Potenzialentfaltung und Potenzialentwicklung sind möglich, wenn es Ihnen gelingt, Ihre Energieräuber zu entdecken und zu verhaften.

Energieräuber müssen nicht immer Personen sein. Sicherlich: Gerade Energievampire sind eine wahre Plage, indem sie uns emotional und mental aussaugen, Kraft kosten und Zeit stehlen. Energieräuber sind aber auch Tätigkeiten, die uns daran hindern, das zu tun und zu erledigen, was wir uns vorgenommen haben. Lernen Sie, die Energieräuber in Ihrem Leben zu erkennen, zu vermeiden und zu verhaften. Dann können Sie weiterhin ungestört arbeiten und Ihre Ziele verfolgen.

Eine Option besteht darin – ähnlich wie bei einer Störquellenanalyse – eine Zeit lang zu notieren, mit welchen Energievampiren und sonstigen Energieräubern Sie zu kämpfen haben. Dabei helfen Ihnen diese Fragen weiter:

- Welche Energievampire/Menschen begegnen Ihnen mit negativen Gefühlen, die Sie herabzuziehen drohen?
- Welche Energievampire/Menschen im privaten Bereich stören Sie (wie und warum)?
- Welche Energievampire/Menschen im beruflichen Bereich stören Sie (wie und warum)?
- Welche Tätigkeiten im privaten Bereich gehen Ihnen auf die Nerven?
- Welche Tätigkeiten im beruflichen Bereich gehen Ihnen auf die Nerven?
- Welche Kommunikationsmedien (etwa das Smartphone) kosten Sie mehr Zeit und Kraft, als dass sie Ihnen nutzen?

Jetzt haben Sie eine verlässliche Grundlage, Ihre individuellen Energieräuber aufzuspüren und sich zugleich auf Ihre persönlichen Energiespender und Kraftquellen zu konzentrieren.

Nehmen Sie sich Zeit zur Selbstreflexion

Greifen Sie zu Ihrem Reflexions-Notizbuch:

- Nutzen Sie die Frage, um Ihre Energieräuber zu verhaften und vor Gericht zu stellen.

Fazit: Das Wichtigste im Überblick

- Tun Sie unbedingt beides: Ihre Stärken stärken und Ihre Schwächen schwächen.
- Nutzen Sie Diagnostiktools, die Selbstbeobachtung und die Fremdwahrnehmung zur Potenzialentfaltung und Potenzialentwicklung.
- Merzen Sie Ihre Energieräuber aus und nutzen Sie Ihre Energiequellen.

Was Sie jetzt sofort tun sollten

- Führen Sie einen Kompetenzcheck durch.
- Legen Sie dazu Ihre erforderlichen Kompetenzen (Kompetenz-Soll) fest, analysieren Sie die tatsächlich vorhandenen Kompetenzen (Kompetenz-Ist) und schließen Sie die Kompetenzlücken.

Motivieren Sie sich selbst

Kapitelcheck

Übersicht zu den wichtigsten Kapitelinhalten

In diesem Kapitel lernen Sie verschiedene intrinsische Motivationsmuster kennen und finden Antworten auf die Fragen, was Sie wirklich antreibt und wie Sie sich selbst motivieren.

Ihr Nutzen

Sie stellen fest, welcher Motivationstyp Sie sind, und finden so den Schlüssel für Ihre Selbstmotivation.

uf der Suche nach Ihren Motivatoren

Welche Motive bewegen Ihre Mitarbeitenden dazu, das Beste für das Unternehmen, die Abteilung und das Team zu leisten? Und was treibt Sie selbst im Innersten an? Allzu oft stelle ich fest, dass nur wenige Führungskräfte wissen, welche Motivatoren tatsächlich für sie von Bedeutung sind. Das Problem: Jeden Tag stehen diese Führungskräfte vor der Aufgabe, ihre Mitarbeitenden einzuschätzen und zu bewerten, ihre Verhaltensweisen und ihre Persönlichkeit zu analysieren, um sich mit ihnen auf einer Wellenlänge einzuschwingen. Und jeden Tag müssen sie sich selbst beurteilen und sich fragen, wie sie auf ihre Mitarbeitenden wirken. Wer aber seine eigenen Motivatoren nicht einzuordnen weiß, ist kaum in der Lage, seine Wirkung auf andere einzuschätzen.

Und darum geht es in diesem Kapitel um genau das – um Ihre Motivatoren im Rahmen eines effektiven Selbstmanagements.

Die Bedeutung der intrinsischen Motivation

Spätestens seit Reinhard K. Sprengers Buch über den »Mythos Motivation« wird in der beruflichen Motivationsforschung heftig darüber diskutiert, wie sich die Menschen motivieren lassen.[1] Geht es eher um die intrinsische Motivation, also den inneren Antrieb, der aus unserer Mitte heraus entsteht und uns Anlass und Ansporn zum Handeln gibt? Und welche Rolle spielt die extrinsische Motivation? Natürlich – die finanzielle Grundabsicherung sollte gewährleistet sein. Von daher spielt das ökonomische Motiv wahrscheinlich immer eine gewisse Rolle. Ansonsten aber ist die Motivationslandschaft bunt wie ein Regenbogen, in dem sich alle Farben vereinigen.

Natürlich spielen bei der Motivation auch äußere Faktoren eine Rolle: Die Erwartungshaltung der Führungskraft und der Menschen im beruflichen und auch privaten Umfeld sowie Aspekte wie Belohnungen und Incentives dürfen nicht kleingeredet werden. Das wäre fahrlässig und würde der Realität nicht gerecht. Entscheidend aus meiner Sicht jedoch ist die intrinsische Motivation.

Die intrinsische Motivation steht oft in einem Zusammenhang mit den Aspekten der Selbstbestimmung, der Wahlfreiheit und der Übereinstimmung mit unseren persönlichen Werten, Wünschen und Einstellungen.

Kein Wunder also, dass die intrinsische Motivation einhergeht mit positiv besetzten Emotionen wie Stolz, Erfüllung, Freude und Begeisterung. Entsprechend ausgestaltet sind die drei Tipps, die ich Ihnen mit auf den Weg geben möchte.

Motivationstipp 1: Analysieren Sie Ihre Motivationsmuster

In welchen der folgenden Motivationsmuster erkennen Sie sich am ehesten wieder?

- *Motivationsmuster »Leistung/Tätigkeit/Selbstverwirklichung«:* Damit ist eine befriedigende Arbeit gemeint, die Ihnen Raum gibt zur freien Entfaltung der eigenen Leistungsmöglichkeiten, zum Ausleben der Werte, die Ihnen wichtig sind, und der Erreichung selbst gesetzter Ziele. Zudem lieben Sie es, sich ständig weiterbilden und lernen zu können – die systematische Wissensaneignung ist Ihnen wichtig.
- *Motivationsmuster »Identifikation mit Unternehmen und Unternehmenszielen«:* Inwiefern erkennen Sie sich in diesem Motivationsmuster wieder? Spiegeln sich Ihre Werte in der Unternehmensphilosophie wider? Lieben Sie Ihre Tätigkeit, weil sich Ihre Überzeugungen in der Unternehmenspolitik wiederfinden? Können Sie (meistens) die Entscheidungen Ihres Unternehmens mittragen, stehen Sie hinter dessen Entscheidungen?
- *Motivationsmuster »Sinn«:* Den meisten Menschen ist es wichtig, in ihrer Tätigkeit und in ihrem Job einen tieferen Sinn zu erkennen, der über ihre eigentliche Arbeit hinausweist. Das heißt: Sie bewerten es positiv, wenn sie sich einem größeren Ganzen zugehörig fühlen können.
- *Motivationsmuster »Wirgefühl/Kontaktbedürfnis«:* Für Sie sind Punkte wie Loyalität, soziale Verantwortung und Zugehörigkeit von besonderer Relevanz. Allerdings: Nicht jeder Mensch will in das Team-Boot einsteigen, so mancher bevorzugt den einsitzigen Kajak. Es gibt stark individualistisch geprägte Menschen und altruistisch eingestellte. Wo befinden Sie sich in diesem Spektrum? Sind Sie ein Teamplayer, für den das Wirgefühl zentral ist, oder ein Einzelkämpfer?
- *Motivationsmuster »Lob/Verstärkung«:* Die erforderliche »Lob-Dosierung« bei uns Menschen ist sehr unterschiedlich. Antriebsschwache Personen benötigen meistens mehr Lob und

Anerkennung als selbstsichere Personen, die oft über ein hohes Maß an Eigenmotivation verfügen.

- *Motivationsmuster »Finanzielle Verstärkung«:* Wie bereits gesagt – selbstverständlich ist der ökonomische Aspekt so gut wie immer relevant. Die Frage ist, ob Ihre Motivationsstruktur allein von materiellen Aspekten beeinflusst wird oder ob die ökonomische Motivation ihre Bedeutung von einem jeweils angestrebten Ziel erhält. Auf den Punkt gebracht: Geht es Ihnen um das Geld an sich – oder sehen Sie es als Vehikel, um zum Beispiel zu sozialer Anerkennung zu gelangen oder Ihr Sicherheitsbedürfnis oder Ihr Freiheitsbedürfnis zu befriedigen?
- *Motivationsmuster »Status/Geltung/Macht«:* Natürlich ist auch dies ein legitimer Antrieb dafür, Topleistungen zu erbringen – Sie wollen Ihren Einfluss- und Machtbereich vergrößern und mit Statussymbolen überzeugen.
- *Motivationsmuster »Kreativitätsentfaltung«:* Jeder Mensch befriedigt als homo ludens (»spielender Mensch«) gern seinen Spiel- und Kreativitätstrieb. Und vielen Menschen ist ihr Arbeitsplatz vor allem deshalb wichtig, weil sie dort ihre Kreativität entfalten können.
- *Motivationsmuster »Privatleben«:* Für viele Menschen besitzen Freizeit und Familienleben einen hohen Stellenwert – und zwar vollkommen unabhängig von ihrer Generationenzugehörigkeit! Wahrscheinlich wird sich auch Ihre Motivationsstruktur nicht allein aus beruflichen Quellen speisen.

Nehmen Sie sich Zeit zur Selbstreflexion

Greifen Sie zu Ihrem Reflexions-Notizbuch:

- In welchem beziehungsweise in welchen der Motivationsmuster erkennen Sie sich wieder? Warum ist dies so?
- Versuchen Sie die ausführliche Beschreibung der Motivatoren, die für Sie von besonderer Bedeutung sind.

Statement von Hannes Runge, Vibracoustic SE & Co. KG, Jahrgang 1986. Hannes Runge gehört der Generation Y an.

»Seitdem ich mein Motivationsmuster genau kenne, bin ich zu Spitzenleistungen fähig. Seitdem gelingt es mir, mich auch auf schwierige und komplexe Herausforderungen einzulassen. Und zwar erfolgreich.«

Motivationstipp 2: Beachten Sie Ihre psychologischen Grundbedürfnisse

Nach der Self-Determination Theory SDT (= Selbstbestimmungstheorie der Motivation) gibt es drei psychologische Grundbedürfnisse, die befriedigt sein sollten, damit innere Motivation entstehen kann – und damit bessere Arbeitsergebnisse:

- *das Kompetenzbedürfnis*: Wenn Sie Ihre Kompetenzen am Arbeitsplatz und in Ihrem Job zur Entfaltung bringen, Ihre Stärken, Talente und Begabungen einsetzen und sich für »das große Ganze« engagieren können, steigt die Wahrscheinlichkeit, dass Sie sich in Ihrem Tätigkeitsbereich rundum wohlfühlen. Denn so gut wie jeder Mensch möchte als sachkundig, kompetent und erfahren geschätzt werden – das gilt bestimmt auch für Sie!
- *das Zugehörigkeitsbedürfnis*: Wir Menschen haben oft das Bedürfnis, uns zugehörig zu fühlen – zum Unternehmen, zum Team, zu den Führungskräften, zu den Kollegen, zu den Mitarbeitenden, kurz: zu einer Gemeinschaft. Schaffen Sie sich darum Identifikationsmöglichkeiten – so erhöhen Sie die Wahrscheinlichkeit intrinsischer Motivation.
- *das Autonomiebedürfnis*: Dieser Punkt verweist auf das Selbstbestimmungsbedürfnis des Menschen. Je umfangreicher die Möglichkeit, die eigene Arbeit prägen und beeinflussen sowie

eigenverantwortlich und selbstbestimmt Entscheidungen treffen zu können, desto wahrscheinlicher ist es, dass in Ihrem Tätigkeits- und Verantwortungsbereich innere Motivation entstehen kann.

Nehmen Sie sich Zeit zur Selbstreflexion

Greifen Sie zu Ihrem Reflexions-Notizbuch:

- Wie ist es in Ihrem Bereich um das Kompetenzbedürfnis, das Zugehörigkeitsbedürfnis und das Autonomiebedürfnis bestellt?
- Inwiefern sind diese psychologischen Grundbedürfnisse befriedigt – und damit die Voraussetzungen für Ihre intrinsische Motivation gegeben (oder nicht)?
- Welche Veränderungen müssen Sie herbeiführen, damit die psychologischen Grundbedürfnisse befriedigt sind? Wie gelingt Ihnen das?

Motivationstipp 3: Sorgen Sie dafür, Ihre Werte leben zu können

Von besonderer Relevanz für Ihre Motivation in Beruf und Job ist, dass die Werte Ihres Unternehmens, also Ihres Arbeitgebers, mit Ihren Werten kompatibel sind. Die Werte sollten daher möglichst weitgehend übereinstimmen. Es wäre für das Unternehmen und auch Sie kontraproduktiv, wenn Sie zum Beispiel ethisch hochstehende Standards vertreten und sozial engagiert sind, das Unternehmen jedoch im Verkauf auf Konkurrenzkampf und Drückerkolonnen setzt sowie Kunden auszunutzen versucht (um ein Extrembeispiel zu nennen). Umgekehrt gilt: Wenn Sie ein Mensch mit stark ökonomisch ausgerichtetem Handlungsmotiv sind, werden Sie sich in einer Non-Profit-Organisation kaum glücklich fühlen.

Um Wertekompatibilität sicherzustellen, sollten Sie zum einen die Unternehmenswerte benennen können und zum anderen Ihre eigenen zentralen Werte kennen. So ist ein Werteabgleich möglich.

Nehmen Sie eine Analyse der Unternehmenswerte vor und verschaffen Sie sich zudem Klarheit über Ihre Werte. Letzteres gelingt im Rahmen einer Selbstreflexion und in drei Schritten.

Nehmen Sie sich Zeit zur Selbstreflexion

Greifen Sie zu Ihrem Reflexions-Notizbuch:

- Schritt 1: Notieren Sie Ihre fünf zentralen Werte. Mein Tipp dazu: Holen Sie sich Anregungen im Internet (etwa unter *https://zeitzuleben.de/wp-content/uploads/2020/07/Werte-Liste.pdf* – nutzen Sie den Wertekatalog). Besser jedoch ist es, wenn Sie Ihren Werten aus eigener Kraft auf die Spur kommen. Erinnern Sie sich dafür an besonders wichtige Lebensentscheidungen. **Welche Werte haben dabei für Sie eine Rolle gespielt?**
- Schritt 2: Analysieren Sie den Stellenwert dieser fünf zentralen Werte in Ihrem beruflichen und persönlichen Leben. Leben Sie gegen oder mit Ihren Werten? Warum ist das so? Welcher Handlungsbedarf ist angesagt? Welche Veränderungen sind erforderlich, damit die Integration Ihrer zentralen Werte in Ihr berufliches und persönliches Umfeld gelingt?
- Schritt 3: Gehen Sie auch den umgekehrten Weg. Schreiben Sie die negativ besetzten Werte auf, die Sie vehement ablehnen: Was ist Ihnen zutiefst zuwider? Welche Un-Werte verbergen sich hinter dieser Abneigung? Spielen Un-Werte in Ihrem beruflichen und persönlichen Leben eine Rolle, ist abermals Handlungsbedarf vonnöten.

Extra-Tipp: Belohnen Sie sich selbst

Einer der stärksten intrinsischen Motivationshebel ist die Selbstbelohnung für erreichte Ergebnisse. Gönnen Sie sich etwas, was Ihnen so richtig Spaß und Freude bereitet. Dann ist die Wahrscheinlichkeit groß, dass Sie diese Freude mit in Ihre nächsten Tätigkeiten nehmen – und Sie setzen einen positiven Motivationskreislauf in Gang.

Aber Achtung: Feiern Sie auch Ihre Misserfolge!

Das mag Sie zunächst überraschen. Bedenken Sie: Sind nicht auch Ihre Misserfolge letztendlich nichts anderes als notwendige Schritte auf Ihrem Weg zur Zielerreichung? Sicherlich gibt es immer wieder Mitarbeitergespräche oder Kundensituationen, die nicht Ihrer Vorstellung entsprechend verlaufen und die Sie als Misserfolg bewerten. Doch eigentlich sind dies keine Misserfolge, sondern – neutral betrachtet – Ergebnisse oder Resultate. Erst durch Ihre Interpretation wird daraus etwas Negatives.

Die Vorgehensweise, Misserfolge als Feedback auf dem Weg zum Ziel zu definieren, schließt Selbstkritik nicht aus. Es heißt lediglich, den Fokus auf die Einstellung zu richten, aus Fehlern vor allem lernen zu *dürfen*. Jede einzelne Aufgabe ist wichtig und führt uns – wie auf einer Treppe – Stufe für Stufe zum gewünschten Ziel.

Damit Sie die Selbstbelohnung als wirkungsvollen Motivationshebel einsetzen können, sind einige Punkte zu berücksichtigen. Hierfür habe ich eine einfache, aber wirkungsvolle Checkliste erstellt:

Checkliste zur Selbstmotivation

Was ist mein Ziel?
(heute, Woche, Monat)

____

Was muss ich dafür tun?

(Aktivitäten)

____

____

____

____

Welche Hindernisse gibt es und wie überwinde ich sie?

____

____

____

____

Erledigungszeitraum:

Vom:__________ bis: ___________

Okay?

Dabei gilt: Kleine Zielerreichung – kleine Belohnung, große Zielerreichung – große Belohnung. Sollten Sie sich einmal eine Belohnung ausgedacht und die Aufgabe trotzdem nicht zu Ihrer Zufriedenheit erledigt haben, kann es sein, dass die Belohnung nicht motivierend genug war. Denken Sie sich dann eine neue Belohnung aus.

Fazit: Das Wichtigste im Überblick

- Es gibt verschiedene Motivationsmuster. Entscheidend ist, welche intrinsischen Motivationsmuster für Sie relevant sind.
- Meistens handelt es sich um einen Mix an Motivationsfaktoren.

Was Sie jetzt sofort tun sollten

- Begeben Sie sich auf die Suche nach Ihren intrinsischen Motivationsfaktoren.
- Überlegen Sie sich ein Belohnungsritual für erzielte Resultate.

9 Gelangen Sie in die Umsetzung und ins T.U.N.

Kapitelcheck

Übersicht zu den wichtigsten Kapitelinhalten

Sie erhalten in diesem Kapitel den entscheidenden Anstoß, um ins Handeln zu gelangen.

Ihr Nutzen

Sie erfahren, wie Sie rasch und unkompliziert mit Ihrer Power-Wortkombination und mit Mini-Habits in die Umsetzung gelangen.

Ohne Umsetzung ist alles nichts

Es ist eigentlich eine Binsenweisheit: Die schönsten Ziele, die beste strategische Planung und der übervolle Energietank nutzen nichts oder wenig, wenn nicht der entscheidende Schritt zum TUN geleistet wird. Es ist geradezu Ihre Verpflichtung, ins Handeln zu kommen und aktiv zu werden. Die Erfahrung zeigt, dass hier die Grenzlinie zwischen eher durchschnittlich erfolgreichen Mitarbeitenden und den Spitzenleuten verläuft. Das gilt auch für Führungskräfte.

Topmitarbeitende schaffen den Sprung von der Planung zum Handeln, ohne dass Reibungsverluste entstehen, und zwar mithilfe einer individuellen Power-Wortkombination und mit Mini-Habits.

Sie fragen sich, was das ist? Lassen Sie uns mit der Power-Wortkombination starten. Sie unterstützt Sie nachhaltig und rasch, Ihre Ziele zu erreichen.

Mit Power-Wortkombination die gemütliche Gewohnheitszone verlassen

T.U.N. steht für **T**ag **U**nd **N**acht, und damit für Ihre Bereitschaft, sich voll und ganz mit einer 24-Stunden-Einsatz-Philosophie auf die Aktivitäten zu konzentrieren, die zur Erreichung Ihrer Ziele und der Umsetzung der dafür notwendigen strategischen Planungsschritte notwendig sind.

Erinnern Sie sich noch an das fünfte Kapitel, in dem es (unter anderem) darum ging, wie uns der innere Schweinehund daran hindert, uns der konsequenten Zielerreichung zu widmen? Der innere Schweinehund meldet sich mit Aussagen wie etwa »Ich hatte leider keine Zeit« und »Mir kam dieses oder jenes dazwischen« oder der Anmerkung, er hätte einfach wichtigere Dinge vorziehen müssen und sei deshalb bei der Zielerreichung »noch nicht so richtig weitergekommen«. Doch bei genauerem Hinterfragen stellen sich diese Gründe als vorgeschoben heraus. Die wirklichen Ursachen haben damit zu tun, dass wir in unserer Gewohnheits- und Komfortzone stecken geblieben sind. Der innere Schweinehund fühlt sich im bewährten und bequemen Allerlei-Land wohler als im unbekannten Neuland. Denn auf unbekanntem Terrain kann es schon einmal passieren, dass wir etwas Neues ausprobieren müssen, um lernen und wachsen zu können. Während die Gewohnheits- und Komfortzone gut ausgeleuchtet ist, droht die Wachstumszone mit dunklen Ecken, die wir nicht kontrollieren können und bei denen wir über keine Referenzerfahrungen verfügen. Darum vermeiden wir es lieber, ins Handeln zu kommen.

Die gute Nachricht: Hier hilft eine einfache Methode weiter.

.egen Sie den »Just do it!«-Hebel um

Wie können Sie Ihre bequeme Gewohnheitszone schnell verlassen und darüber hinaus eine langfristige und nachhaltige Motivation erzeugen, mit der Sie Ihre Bereitschaft zum sofortigen aktiven Handeln aufrechterhalten? Die Lösung ist so einfach wie erfolgreich – das Zauberwort lautet: »Just do it!« Richtig angewendet, entfaltet die Methode eine Hebelwirkung, sodass Sie von null auf hundert durchstarten können.

;chritt 1: Die Power-Wortkombination, die Sie aktiv werden lässt

»Just do it!« geht zurück auf die 1988 von dem Sportartikelhersteller Nike entwickelte »Just do it«-Kampagne. Mit ihr sollten Menschen jeden Alters, Geschlechts und Fitnessniveaus motiviert werden, sportlich aktiv zu sein. In unserem Zusammenhang verweist »Just do it!« auf eine Affirmation, die Sie rasch und unkompliziert ermutigen soll, ebenfalls aktiv zu werden, aber nicht im sportlichen Sinn, sondern bezogen auf Ihre Zielsetzungen.

Der Begriff Affirmation kommt aus dem Lateinischen und bedeutet Bekräftigung, Bejahung oder Zustimmung.

Affirmationen können Wortkombinationen oder Sätze sein, die Sie sich selbst ausgedacht haben und sich laut und deutlich vorsprechen, um sich zu motivieren, aktiv zu werden. Sie können sie auch aus Sinnsprüchen oder Aussprüchen von Persönlichkeiten ableiten.

Entscheiden Sie sich für eine Wortkombination. Aber Achtung: Es sollte eine ungewöhnliche Kombination sein, die Sie sonst nicht in Ihrem Alltagssprachgebrauch benutzen, sondern für nichts anderes benötigen als für den Schritt, der Sie ins Handeln bringt. Besonders nachhaltig wirken Wortkombinationen, die kurz, knapp und bündig sind, zum Beispiel:

- Just do it!
- Go for it!
- Jetzt geht's los!
- Auf geht's!
- Zack – Zack!
- 1, 2, 3 – los!

Statement von Nico Hagmaier, TUI BLUE, Jahrgang 1996. Nico Hagmaier gehört der Generation Y an und ist somit ein Millennial.

»Meine Power-Wortkombination lautet *Work Smarter, Not Harder*. Mit ihr gelingt es mir, rasch aktiv zu werden und schnell und effektiv ins Handeln zu kommen.«

Nehmen Sie sich Zeit zur Selbstreflexion

Greifen Sie zu Ihrem Reflexions-Notizbuch:

- Überlegen Sie sich mögliche Wortkombinationen.
- Legen Sie Ihre persönliche Power-Wortkombination fest.

Schritt 2: Verknüpfen Sie die Wortkombination mit positiven Aktivitäten

Schaffen Sie eine positive Verknüpfung Ihrer Wortkombination – wir bleiben bei dem Beispiel »Just do it!« – mit einer Tätigkeit, die Sie gern tun und auf die Sie sich freuen. Nehmen wir an, Sie gehen abends gern mit Ihrem Hund spazieren: Verbinden Sie »Just do it!« mit jenem Spaziergang. So laden Sie Ihre persönliche Wortkombination positiv auf.

Wenn Sie sich nun die Zeit nehmen wollen oder müssen, nach einer wichtigen Problemlösung zu suchen, sagen Sie zuvor klar und deutlich: »Just do it!« Und bevor Sie den Telefonhörer in die Hand nehmen, um ein schwieriges Gespräch mit hohem Konfliktpotenzial zu führen, sagen Sie ebenfalls »Just do it!«.

So senden Sie gleich zwei motivierende Signale an sich selbst: die persönliche Wortkombination, die auch noch durch die Verknüpfung mit Ihrer Lieblingsaktivität positiv besetzt ist.

Ich empfehle das laute Sprechen: Denn je lauter und entschlossener Sie die Wortkombination zu sich sagen, desto intensiver und erfolgreicher wirkt sie. Ziel ist, Ihr Bewusstsein und Ihr Unterbewusstsein zu informieren: Wenn die Wortkombination ertönt, geschieht etwas Erfreuliches! Wenn Ihr persönliches »Just do it!« erfolgt, wissen Sie also: Jetzt geht es auf zu einer Aktivität, die Ihnen mithilfe Ihres Engagements und Überzeugungskraft gewiss gelingen wird.

Nehmen Sie sich Zeit zur Selbstreflexion

Greifen Sie zu Ihrem Reflexions-Notizbuch:

- Legen Sie die motivierende Aktivität (Spaziergang) fest, die Sie mit Ihrer persönlichen Wortkombination verknüpfen.

Planen Sie Ihre Wortkombination bei den unterschiedlichsten Alltagsroutinen ein, tragen Sie sie im Terminkalender ein, hängen Sie einen entsprechenden Notizzettel neben den Spiegel.

Oder legen Sie den Zettel gut sichtbar auf den Schreibtisch oder ins Auto. So sorgen Sie dafür, dass Sie diese Wortkombination zu einer Erfolgsgewohnheit ausbilden.

Ein kleiner Trick für Ihr Training mit der Methode:

- Starten Sie mit kleinen Aufgaben, die Ihnen keinen Stress bereiten. Setzen Sie die Wortkombination zunächst bei Aktivitäten ein, die Ihnen Freude bereiten. Das fällt Ihnen bestimmt leicht, die Methode wird also funktionieren.
- Nach und nach gehen Sie dazu über, die Wortkombination bei Aktivitäten einzusetzen, die Ihnen schwerfallen und unangenehm sind.

Nutzen Sie die Mini-Habits-Philosophie, um ins Handeln zu gelangen

Der Kognitions-Psychologin Bljuma Zeigarnik, die von 1901 bis 1988 lebte, verdanken wir den sogenannten »Zeigarnik-Effekt«[1]. Er beschreibt den Umstand, dass wir unfertige Aufgaben so lange im Kopf behalten, bis sie fertiggestellt sind. Der Grund: Das Gehirn erinnert sich besser an Dinge, die *noch nicht erledigt* sind, und speichert sie ab. Dafür vergisst es Aufgaben, die wir beendet haben.

Diesen Umstand können wir für unser Thema nutzen: Wenn wir rasch ins Handeln kommen wollen oder müssen, ist es sinnvoll und nützlich, Dinge rasch zu erledigen. Es ist richtig, möglichst viele Aufgaben zu beenden, bevor wir etwas Neues beginnen. Denn ansonsten leidet unser Gehirn durch zu viele unbeendete Aufgaben. Je weniger Ballast wir mit uns herumschleppen, desto freier haben wir den Kopf für die Umsetzung. Und zwar im wahrsten Sinn des Wortes. Es ist mithin zielführend, uns insbesondere in schwierigen und komplexen Situationen auf Dinge zu fokussieren, die wir rasch und vollständig abarbeiten und erledigen können.

Mit anderen Worten: Je mehr erledigte Aufgaben wir haben, desto mehr mentale Ressourcen stehen uns zur Verfügung. Oder: Je weniger unerledigte Aufgaben uns ablenken, desto besser für unsere mentalen Ressourcen und unsere Umsetzungsvorhaben.

Mein Impuls lautet darum: Konzentrieren Sie sich auf den Umsetzungs- und Verbesserungsweg der kleinen Schritte. Dieser Weg orientiert sich an der Tiny Habits®-Methode, die BJ Fogg entwickelt hat. Kernpunkt dabei ist, sich kleine und möglichst einfache Ziele zu setzen, die Sie rasch und zügig erreichen können.[2]

Indem Sie in kleinen und überschaubaren Schritten vorgehen, entlasten Sie Ihren Denkapparat und machen Ihr Oberstübchen frei und startklar für das Projekt »Umsetzung«.

Dabei helfen Ihnen diese drei Impulse weiter, die Sie am besten Ihren Bedürfnissen anpassen:

- *Impuls 1: die 72-Stunden-Regel.* Beginnen Sie alles Neue, das Sie sich vornehmen, spätestens innerhalb von 72 Stunden nach dem ersten Vorsatz. Der Grund: Folgt dem guten Vorsatz nicht innerhalb von drei Tagen eine erste Aktivität, dann wird der Vorsatz mit großer Wahrscheinlichkeit zu einem der berüchtigten unerledigten »Man müsste mal«-Silvester-Vorsätze.
- *Impuls 2: die 5-Sekunden-Methode.* Wenn Sie ein Zögern bemerken oder sich überwinden müssen, etwas zu beginnen, zählen Sie gedanklich rückwärts von 5 auf 1: »5 – 4 – 3 – 2 – 1.« Am Ende des Countdowns beginnen Sie sofort mit der Aufgabe oder Handlung, ohne großartig darüber nachzudenken.[3]
- *Impuls 3: der Perfektionismus-Falle ausweichen.* Vermeiden Sie jeden übertriebenen Perfektionismus. Meistens ist es klüger, unperfekt zu beginnen, als in Perfektion zu scheitern. So vermeiden Sie Aufschieberitis oder Prokrastination. Fangen Sie

einfach an, selbst wenn es sich zunächst einmal nur um einen kleinen und unscheinbaren Schritt handelt. Sie wissen ja: Alles fängt mit einem ersten Schritt an.

Fazit: Das Wichtigste im Überblick

- Der »Just do it!«-Hebel (oder andere Wortkombinationen) bewirkt, dass Sie rasch aktiv werden.
- Gehen Sie in kleinen und überschaubaren Schritten vor, um Ihren Denkapparat startklar für das Projekt »Umsetzung« zu machen.

Was Sie jetzt sofort tun sollten

- Finden Sie Ihre persönliche Power-Wortkombination und trainieren Sie ihre Anwendung.

Und jetzt bitte ab in die Umsetzung! Wenn Ihnen dies gelingt, verfügen Sie über einen reichhaltigen Werkzeugkasten mit Strategien, Instrumenten und Tools zur Selbstführung, zum Selbstmanagement und zum Selbstcoaching. Und damit ist es an der Zeit, sich im dritten Teil dieses Buches um Ihre Mitarbeiterführung und Ihr Mitarbeitercoaching zu kümmern.

Teil 3
Mitarbeiterführung und Mitarbeitercoaching: So gehen Sie werteschätzend mit Ihren Mitarbeitenden um

Wie Sie werteschätzend mit sich selbst umgehen, wissen Sie nun. Jetzt geht es um Ihr werteschätzendes und generationenübergreifendes Mitarbeitercoaching. Dabei stehen die folgenden Aspekte im Fokus:

- Wie entwickeln Sie sich zum Talent-Scout, der seine Mitarbeitenden zum Erfolg coacht? (Kapitel 10)
- Warum und wie sollten Sie dabei die Persönlichkeit Ihrer Mitarbeitenden und ihre Typenzugehörigkeit beachten? (Kapitel 11)
- Wie helfen Sie Ihren Mitarbeitenden bei der Verwirklichung der Unternehmensziele und ihrer eigenen Ziele? (Kapitel 12)
- Wie stärken Sie die Veränderungskompetenz Ihrer Mitarbeitenden? (Kapitel 13)
- Wie bauen Sie Kommunikationskompetenz auf, um schwierige und komplexe Gesprächssituationen zu bewältigen? (Kapitel 14)
- Wie optimieren Sie Ihre Teamführung und entwickeln dabei einen Teamspirit? (Kapitel 15)
- Welche werteschätzenden Aufgaben nehmen Sie im Recruiting wahr? (Kapitel 16)

10 Entwickeln Sie sich zum Talent-Scout Ihrer Mitarbeitenden

Kapitelcheck

Übersicht zu den wichtigsten Kapitelinhalten

Sie erfahren, warum Sie sich zum Talent-Scout Ihrer Mitarbeitenden entwickeln sollten – und wie. Indem Sie deren Talente entdecken, entwickeln und fördern, sorgen Sie dafür, dass sie Spaß und Freude bei der Arbeit haben. Und wer Spaß an seiner Arbeit hat, ist imstande, Topleistungen abzuliefern.

Ihr Nutzen

Sie erhalten Impulse, wie Sie Ihr Unternehmen zur Talentschmiede ausbauen.

Coachen statt managen: Talent-Scout in der Talentschmiede Unternehmen

In Beratungs- und Consultingunternehmen reden sich die Leute die Köpfe heiß, wie sich der Herausforderung der generationenunabhängigen Führung begegnen lässt. Wie gelingt es, die »faule« Gen Z zum »Babyboomer-Arbeiten« zu bewegen? Eine, wie ich meine, vollkommen überflüssige Diskussion. Währenddessen wird die wahre Herausforderung sträflich vernachlässigt: Wie gehen wir konstruktiv mit der neuen Macht der Mitarbeitenden um? Denn wir leben längst auf einem Arbeitnehmermarkt, auf dem sich nicht alle, aber viele Menschen ihre Arbeit und ihren Arbeitgeber aussuchen können. Und das vor allem, wenn sie gut ausgebildet, hochqualifiziert und topmotiviert sind.

»Macht der Mitarbeitenden« – das hört sich negativ an: Als ob die Mitarbeitenden ihre dunkle Macht ausüben wollten, um allein ihre Interessen durchzusetzen und die Arbeitgeber zu drangsalieren. Natürlich gibt es auch hier schwarze Schafe. Aber meiner Erfahrung nach wollen sich die meisten Mitarbeitenden an ihrem Arbeitsplatz verwirklichen, ihre Kompetenzen zum Einsatz bringen, entfalten und entwickeln. Sie möchten sich dafür engagieren, dass ihre Arbeitgeber und Chefs ihre unternehmerischen Ziele erreichen. Dabei wollen sie selbstverständlich die eigenen Zielsetzungen nicht außer Acht lassen.

Das Engagement ist nicht nur altruistisch, sondern auch egoistisch geprägt. Der Mensch ist nun einmal ein Ego-Wesen *und* ein Sozio-Wesen zugleich. In Italien gibt es das Sprichwort: »Jeder leitet das Wasser auf seine eigene Mühle.« Der Eigennutz ist ein mächtiger Antrieb, der unser Verhalten steuert. Aber wir sind auch soziale Wesen und wollen mit anderen kooperieren, partnerschaftlich zusammenarbeiten und uns zugehörig fühlen. Ich bin sicher: Die meisten Mitarbeitenden wollen das, auch wenn sie auf einem Arbeitnehmermarkt eine neue Macht genießen.

Coachen Sie schon – oder managen Sie noch?

Weil es die neue Macht der Mitarbeitenden nun einmal gibt, sollten sich die Unternehmerinnen, Unternehmer und Führungskräfte aller Ebenen fragen,

- wie es ihnen gelingt, ihre Mitarbeitenden zu begeistern, zu halten und langfristig ans Unternehmen zu binden, und
- wie sie sich im Kreis der (demografisch) immer kleiner werdenden Gruppe der *potenziellen* Mitarbeitenden durchsetzen und bekannt machen können.

Aus meiner Sicht hat es sich bewährt, sich als Talent-Scout zu positionieren, der seine Mitarbeitenden zum Erfolg coacht und sie bei der Erreichung ihrer Ziele unterstützt. Immer noch gibt es zu viele Führungskräfte, die ihre Hauptaufgaben darin sehen, die Mitarbeitenden zu managen, also

- Ergebnisse zu produzieren,
- Aufgaben zu bestimmen und »von oben herab« zu verteilen,
- Termine zu vereinbaren und wahrzunehmen,
- (meist langweilige und uneffektive) Meetings oder Konferenzen anzuberaumen und durchzuführen sowie
- die Mitarbeitenden so zu koordinieren, dass sie die vorgegebenen Ziele erreichen.

Mit diesem altbackenen und eindimensionalen Führungsverständnis werden managende Führungskräfte den War for Talents sang- und klanglos verlieren und im Kampf um die Talente untergehen, ganz gleich, welcher Generation die Talente angehören.

Gefragt sind vielmehr Talent-Scouts, die das coachende und wertschätzende Führen sowie das kreative Inspirieren der Menschen zu Bestleistungen als ihre zentralen Führungsaufgaben interpretieren. Das Ziel lautet:

Coachen statt managen – die Führungskraft ist kein Manager von Problemen und Abläufen, sondern der Coach von Menschen.

Coachende Talent-Scouts sehen ihre Bestimmung darin,

- die Talente, Potenziale und Kompetenzen der Menschen in der »Talentschmiede Unternehmen« zu entdecken und zu fördern,
- Menschen zu unterstützen, eigenständig und selbstverantwortlich zu agieren,
- Mitarbeitende zu befähigen, innovative Problemlösungen selbst zu initiieren und umzusetzen, und
- den Menschen sinnstiftendes Arbeiten zu ermöglichen.

Letztendlich sollte der Fokus darauf liegen, das Unternehmen als Talentschmiede zu etablieren, das den Mitarbeitenden Top- und Bestleistungen ermöglicht.

Nehmen Sie sich Zeit zur Selbstreflexion

Greifen Sie zu Ihrem Reflexions-Notizbuch:

- Coachen Sie schon – oder managen Sie noch?

Die Passung muss stimmen

Natürlich ist und bleibt das Unternehmen eine Organisation, die wirtschaftliche Ziele realisieren und finanziellen Gewinn machen will. Aber der Aspekt, dass dazu motivierte und engagierte Mitarbeitende notwendig sind, muss stärker mit dem unternehmerischen Denken verankert und mit dem unternehmerischen Handeln verknüpft werden. Frank M. Scheelen[1] plädiert dafür, auf die richtige Passung zwischen den Kompetenzen, Erwartungen und Wünschen der Mitarbeitenden und den Zielsetzungen der Unternehmen zu achten. »It's a Match« – wenn die Ziele, Erwartungen und Wünsche der Mitarbeitenden mit den Zielen, Erwartungen und Wünschen des Unternehmens, wenn die Werte der Mitarbeitenden mit den Werten des Unternehmens kompatibel sind oder weitgehend übereinstimmen. Dann ist ein Idealzustand erreicht.

Ein Matching im Recruiting ist relativ leicht umsetzbar, weil sich die Passung zum Beispiel zwischen den Kompetenzen der Mitarbeitenden und den Erwartungen des Unternehmens *vor* der Einstellung eines Mitarbeitenden überprüfen lässt. Im Onboardingprozess, also in der Einarbeitungs- und Probezeit, kann überprüft werden, ob sich die Passung in der Praxis bestätigt.

Ist ein Mitarbeitender bereits angestellt, sollten Sie Qualifizierungs- und Weiterbildungsgespräche und Eignungsdiagnostiktools nutzen, um ein Talentmanagement in Gang zu setzen.

Entwickeln Sie die Talente und Kompetenzen eines Mitarbeitenden derart, dass er einen substanziellen Beitrag zur Erreichung der Unternehmensziele leisten und *gleichzeitig* seine eigenen Ziele verwirklichen kann. Problematisch wird es meiner Erfahrung nach, wenn es eine Diskrepanz bei den Werten gibt. Ein Beispiel: Wenn Ihr Unternehmen partnerschaftliche und auf Vertrauen basierende Kundenbeziehungen anstrebt, einer Ihrer Verkäufer jedoch im Kundenkontakt eigene, auf eine hohe Provision ausgerichtete Ziele verfolgt, wird es schwierig mit dem Matching. Mit einiger Wahrscheinlichkeit ist seinerzeit im Einstellungsprozess etwas schiefgelaufen. Im Nachhinein ist es nun kaum möglich, doch noch zu einer Werte-Passung zu gelangen.

Statement von Cederic Haß, Füchse Berlin Reinickendorf, Jahrgang 1997. Cederic Haß gehört der Generation Z an.

»Als Talent-Scout sehe ich es als meine vorrangige Aufgabe an, für meine Mitarbeiter und Teammitglieder die Fallstricke zu beseitigen, die sie daran hindern, ihre Talente und Kompetenzen zu entfalten. Ich möchte sie dabei unterstützen, das, woran sie arbeiten, mit der Vision und der Mission unseres Vereins in Einklang zu bringen.«

Die Aufgaben des Talent-Scouts

Als Talent-Scout prüfen Sie, welche der Erkenntnisse, die Sie im Rahmen Ihres Selbstmanagements und Selbstcoachings (siehe dazu die Kapitel 5 bis 9 in Teil 2 dieses Buches) gewonnen haben, sich auf Ihr Mitarbeitercoaching und Ihre Mitarbeiterführung übertragen lassen. Dazu einige Beispiele:

- Unterstützen Sie Ihre Mitarbeitenden dabei, ihre (vor allem beruflichen) Ziele zu formulieren und die Zielumsetzung voranzubringen. Auch die Mitarbeitenden sollen die Möglichkeit haben, aus ihrer Lebensvision ihre beruflichen Ziele abzuleiten (siehe dazu Kapitel 5).
- Helfen Sie Ihren Mitarbeitenden, in einen ressourcenvollen Zustand zu gelangen. Insbesondere dann, wenn sie sich in einem ressourcenarmen Zustand befinden, ist es wichtig, ihre Resilienz und Widerstandskräfte zu stärken (siehe dazu Kapitel 6).
- Sorgen Sie dafür, dass Ihre Mitarbeitenden ihre Stärken stärken und ihre Schwächen schwächen und ihre Potenziale abrufen können. Dazu führen Sie mit ihnen einen Kompetenzcheck durch: Sie legen die erforderlichen Kompetenzen (Kompetenz-Soll) eines Mitarbeitenden fest, analysieren die tatsächlich vorhandenen Kompetenzen (Kompetenz-Ist), fahren einen Abgleich zwischen Soll und Ist und schließen die Kompetenzlücken mit Weiterbildungsmaßnahmen (siehe dazu Kapitel 7).
- Greifen Sie Ihren Mitarbeitenden unter die Arme, ihre jeweiligen Motivationsmuster zu erkennen, um so ihre intrinsische Motivation zu erhöhen. Zudem leiten Sie die notwendigen Schritte ein, um die psychologischen Grundbedürfnisse der Mitarbeitenden (Kompetenzbedürfnis, Zugehörigkeitsbedürfnis und Autonomiebedürfnis) zu befriedigen (siehe dazu Kapitel 8).
- Unterstützen Sie die Mitarbeitenden dabei, ihren persönlichen »Just do it!«-Hebel zu finden, um ins Handeln zu kommen (siehe dazu Kapitel 9).

Und natürlich ist es jetzt an der Zeit, die zehn Coachingprinzipien aus dem dritten Kapitel anzuwenden und umzusetzen – am besten mithilfe der folgenden Selbstreflexion.

Nehmen Sie sich Zeit zur Selbstreflexion

Greifen Sie zu Ihrem Reflexions-Notizbuch und notieren Sie Ihre Umsetzungsideen und -aktivitäten zu diesen zehn Punkten:

1. Was muss und kann ich tun, um meinen Mitarbeitenden mit Respekt, Vertrauen und Anerkennung zu begegnen?
2. Wie gelingt es mir, ihnen so oft wie möglich aktiv zuzuhören und in ihre Vorstellungswelt einzutauchen?
3. Inwiefern kann ich sie durch punktgenaue Entwicklungspläne bei der persönlichen Potenzialerweiterung unterstützen?
4. Wie führe ich mit ihnen transparente und verbesserungsorientierte Kritik- und Konfliktgespräche durch?
5. Wie gelingt es mir, mit Einfühlungsvermögen und Fingerspitzengefühl zu coachen und empathische Gespräche zu führen?
6. Was kann ich tun, um mit meinen Mitarbeitenden effektive Jahres-, Quartals-, Monats-, Wochen- und Tagesziele festzulegen?
7. Wie etabliere ich in meinem Verantwortungsbereich eine feedbackorientierte Lernkultur?
8. Welche Maßnahmen ergreife ich, um bei den Mitarbeitenden die Fähigkeit zur Selbstreflexion zu erhöhen?
9. Wie motiviere ich sie dazu, zu einer positiven Arbeitsatmosphäre und einem sonnigen Betriebsklima beizutragen?
10. Wie coache und führe ich mit Herzblut und Leidenschaft? Was muss ich dafür tun?

Verborgene Talente aufspüren

Gute Führungskräfte achten darauf, dass die Anforderungsprofile und Qualifikationsprofile so weit wie möglich übereinstimmen und somit die richtigen Mitarbeitenden auf den ihnen angemessenen Arbeitsplätzen sitzen. Dort können sie ihre Talente, Begabungen, Stärken und Kompetenzen optimal zur Entfaltung bringen. Wie gesagt: Die Passung muss stimmen!

Aber so verhält es sich nicht immer. Einer meiner Coaches berichtete mir, in einem intensiven Beurteilungsgespräch habe er entdeckt, dass sich in der eher leistungsschwachen Innendienstmitarbeiterin eine leistungsstarke Außendienstmitarbeiterin »verborgen« habe. Ihre wahre Begabung liegt im Aufbau vertrauensvoller Kundenbeziehungen im direkten Kundengespräch vor Ort. Nach dieser Entdeckung und einer Schulung konnte sich die Innendienstmitarbeiterin rasch zu einer Topverkäuferin mit einer hohen Performance entwickeln. Und vielleicht gibt es in dem Unternehmen meines Coachees umgekehrt einen Verkäufer, der Probleme hat, im direkten Kundenkontakt den Preis zu verteidigen und die Abschlussfrage zu stellen, aber optimale Leistungen bei der telefonischen Neukundenakquisition zeigt. Soll heißen:

Manchmal liegen in einem Menschen verborgene Talente und Potenziale brach, die nur darauf warten, von einem Talent-Scout endlich entdeckt und gehoben zu werden.

Ich kenne extremere Beispiele, etwa den Buchhalter, der sich als Marketingexperte entpuppt. Oder das blasse Teammitglied, das ungeahnte Führungsqualitäten an den Tag legt und als Teamleiter exzellente Leistungen erbringt. Darum: Halten Sie als Talent-Scout stets die Augen und Ohren offen, um zum Beispiel im Mitarbeitergespräch herauszufinden und zu erspüren, ob sich in dem Menschen, der Ihnen gegenübersitzt, nicht ein verstecktes und unentdecktes Talent verbirgt, das zu heben sich lohnt. Schauen Sie, ob sich unter der eigenen Mannschaft ein Verteidiger befindet, der das Zeug zum Stürmer hat.

npulse für Ihr Talentmanagement

Mein Praxistipp: Nutzen Sie für Ihre Suche nach verborgenen Talenten diese Impulse:

- Impuls 1: Berücksichtigen Sie außerbetriebliche Fähigkeiten und Hobbys. Beispiel: Einer Ihrer Mitarbeitenden organisiert im privaten Bereich den Bau eines Abenteuerspielplatzes für Kinder und Jugendliche. Dazu muss er mit Behörden korrespondieren, die Finanzierung klären, lokale Geschäftsleute ansprechen, um Sponsoren zu gewinnen, Eltern zur Mitarbeit bewegen, kurz: mehrere Gruppen zur gemeinsamen Bewältigung einer Aufgabe motivieren. Wenn Ihnen dieses außerbetriebliche Engagement bekannt ist, können Sie mit dem Mitarbeitenden darüber sprechen, ob er vielleicht dafür geeignet ist, eine Führungsposition und/oder strategische Verantwortung zu übernehmen.
- Impuls 2: Beachten Sie bei der Vergabe von Aufgaben ganz konkret Kenntnisse Ihrer Mitarbeitenden aus dem Freizeitbereich. Dann plant der Organisator von Kegeltouren Ihren Betriebsausflug, die Tennisspielerin ruft eine Betriebstennismannschaft ins Leben, der Hobbyheimatforscher wirkt an Ihrer Firmendokumentation mit. Prüfen Sie, ob Sie dieses Wissen auch bei der Vergabe offener Positionen verwenden können.
- Impuls 3: Nutzen Sie das Verbesserungsvorschlagswesen. Fertigen Sie eine Liste an, auf der Sie die Verbesserungsvorschläge Ihrer Mitarbeitenden notieren. Klopfen Sie die Liste systematisch daraufhin ab, ob sie Rückschlüsse auf versteckte oder brachliegende Talente erlaubt. Durch einen Verbesserungsvorschlag hat Ihr Mitarbeitender zum Beispiel bewiesen, dass er eine Sonderleistung erbringen möchte, die über das durchschnittliche Engagement hinausreicht. Wer gern Gedankenschmalz und Zeit investiert, um die Leistungsfähigkeit seiner Abteilung zu erhöhen,

Arbeitsabläufe zu vereinfachen oder kommunikative Prozesse effektiver zu gestalten, ist vielleicht zu »Höherem« in Ihrem Unternehmen berufen.

Nehmen Sie sich Zeit zur Selbstreflexion

Greifen Sie zu Ihrem Reflexions-Notizbuch:

- Gibt es unter Ihren Mitarbeitenden jemanden, der über Potenziale verfügt, die er auf seiner jetzigen Position aus welchen Gründen auch immer nicht voll entfalten kann?
- Was können Sie wie an diesem Zustand ändern?

Fazit: Das Wichtigste im Überblick

- Die neue Macht der Mitarbeitenden auf einem Arbeitnehmermarkt erfordert es, dass Sie sich zum Talent-Scout entwickeln.
- Managen ist out, wertschätzendes Coachen ist in.
- Coachende Talent-Scouts wollen die Talente, Potenziale und Kompetenzen der Mitarbeitenden fördern und sie unterstützen, eigenständig und selbstverantwortlich zu agieren. Sie befähigen sie dazu, innovative Problemlösungen selbst zu initiieren und umzusetzen.
- Talent-Scouts beachten die zehn wertschätzenden Coachingprinzipien und setzen sie in ihrem Führungshandeln konsequent um.
- Sie bauen das Unternehmen zur Talentschmiede um und betreiben Talentmanagement.

Was Sie jetzt sofort tun sollten

- Prüfen Sie, inwiefern Sie bereits über das Mindset und die Fähigkeiten eines Talent-Scouts verfügen.
- Gehen Sie die nächsten Schritte in Richtung »Talent-Scout«.

11 Beachten Sie die Persönlichkeit Ihrer Mitarbeitenden

Kapitelcheck

Übersicht zu den wichtigsten Kapitelinhalten

Jeder Mensch, jeder Mitarbeitende, ist anders. Werteschätzende Mitarbeiterführung wird dieser Andersartigkeit durch individuelles Führungshandeln und den Einsatz von Persönlichkeitstypologien gerecht.

Ihr Nutzen

Sie lernen Persönlichkeitstypologien kennen, mit denen Sie die Einzig- und Andersartigkeit Ihrer Mitarbeitenden angemessen einschätzen können.

Führungshandeln auf die Menschen abstimmen

Es ist fatal: Viele Führungskräfte scheren ihre Mitarbeitenden über einen Kamm und bedenken zu selten, dass sie mit unterschiedlichen Menschen, Charakteren und Persönlichkeiten zu tun haben. In der Konsequenz führen und motivieren sie in jeder Führungssituation mit immer demselben Führungsinstrumentarium.

»Trau dir zu, ein Original zu sein – und keine Nachahmung!« – das Leitmotiv des vierten Kapitels, das Führungskräfte für sich in Anspruch nehmen dürfen und sollen, übertragen werteschätzende Coaches auf ihre Mitarbeiterführung. Sie nutzen bewährte Persönlichkeitstypologien als Hilfsinstrumente, um die Persönlichkeit ihrer Mitarbeitenden einzuschätzen und deren Werte- und Emotionswelt kennenzulernen. So gelingt es ihnen, ihr Führungshandeln zu individualisieren und auf den jeweiligen Menschen abzustimmen, mit dem sie gerade interagieren. Oder auf *die* Menschen – also das Team oder die Gruppe –, mit denen sie zusammenarbeiten.

Meiner praktischen Erfahrung nach ist das folgende Vorgehen zielführend, um Ihre Mitarbeitenden zu Bestleistungen zu führen und zu motivieren:

- Schritt 1: Führen Sie Ihre Mitarbeitenden mithilfe der zehn Coachingprinzipien und schätzen Sie sie als Menschen und Individuen wert.
- Schritt 2: Begegnen Sie ihnen vor allem mit Respekt, Wertschätzung und Achtung. Die Mitarbeitenden sind keine Mittel zum Zweck, keine Objekte oder notwendige Erfüllungsgehilfen auf dem Weg zum Ziel, sondern eigenständige Individuen, deren Einzigartigkeit es zu achten gilt. Das Problem: Zu oft spielen Nützlichkeitserwartungen und rein ökonomische Werte die Hauptrolle. Anja Dilk schreibt in einem Artikel in der Zeitschrift managerSeminare: »Der effizienzorientierten digitalisierten Arbeitswelt 4.0 fehlt ein zentraler Wert: Menschlichkeit.«[1] Das darf nicht sein, das muss verhindert oder verändert werden.

Werteschätzende Coaches und Führungskräfte betrachten ihre Mitarbeitenden nicht als Funktionsträger, die eine Position auszufüllen haben, sondern als Menschen.

- Schritt 3: Denken und handeln Sie bei aller Menschenorientierung auch leistungsorientiert. Dann können die Mitarbeitenden an ihren Arbeitsplätzen Best- und Höchstleistungen und gute Ergebnisse erzielen. Aber erst die in Schritt 2 beschriebene werteschätzende und »menschliche« Haltung ermöglicht diese Topleistungen. Menschenorientierung und Ergebnisorientierung gehören zusammen.
- Schritt 4: Unter diesen Voraussetzungen ist es legitim und gerechtfertigt, Persönlichkeitstypologien einzusetzen. Nutzen Sie

sie also! Das »Grundgesetz« dabei lautet: »Respektieren Sie den Menschen im Mitarbeitenden und halten Sie die (mit der Persönlichkeitstypologie erstellte) Landkarte nie für die Landschaft (den Menschen) selbst!«

- Schritt 5: Überprüfen Sie die mithilfe einer Persönlichkeitstypologie gewonnenen Erkenntnisse und Einschätzung im persönlichen Mitarbeitergespräch und im Dialog. Sich nur auf die Persönlichkeitstypologie zu verlassen, ist kontraproduktiv, unzulässig und führt in die Irre.

Nehmen Sie sich Zeit zur Selbstreflexion

Greifen Sie zu Ihrem Reflexions-Notizbuch.

- Schritt 1: Beschäftigen Sie sich zunächst einmal mit der folgenden Checkliste:

Checkliste: Steht bei Ihnen der Mensch im Mittelpunkt?

	Ja	Eher Ja	Weiß nicht	Eher Nein	Nein
1. Ich sehe im Mitarbeitenden vor allem das einzigartige Individuum, den Menschen.	☐	☐	☐	☐	☐
2. Der Mensch selbst ist für mich immer wichtiger als die Leistung, denn ich weiß: Lebe ich diese Haltung, erfolgt die gute Leistung wie von selbst.	☐	☐	☐	☐	☐
3. Der Mitarbeitende ist für mich nie Mittel zum Zweck.	☐	☐	☐	☐	☐
4. Der Faktor Menschlichkeit gehört bei meinem Führungshandeln zu den wichtigsten Werten.	☐	☐	☐	☐	☐

	Ja	Eher Ja	Weiß nicht	Eher Nein	Nein
5. Es gehört zu meinen zentralen Aufgaben, bei meinem Führungshandeln die Ziele und die Interessen der Mitarbeitenden zu berücksichtigen.	☐	☐	☐	☐	☐
6. Ich bin zuständig dafür, zur beruflichen Weiterentwicklung meiner Mitarbeitenden beizutragen.	☐	☐	☐	☐	☐
7. Ich bin verantwortlich dafür, zur Persönlichkeitsentwicklung der Mitarbeitenden beizutragen.	☐	☐	☐	☐	☐
8. Die Wertschätzung der Mitarbeitenden ist genauso wichtig wie die Wertsteigerung in meinem Verantwortungsbereich.	☐	☐	☐	☐	☐
9. Vertrauen entsteht durch gute Beziehungen zwischen den Mitarbeitenden und mir als Führungskraft.	☐	☐	☐	☐	☐
10. Werteschätzendes Coaching ist ein elementarer Wertschöpfungsfaktor.	☐	☐	☐	☐	

Auswertung: Bei mehr als fünf »eher Nein« und »Nein« sollten Sie Ihr Menschenbild und Führungshandeln überdenken.

- Schritt 2: Welche Konsequenzen ziehen Sie aus der Arbeit mit der Checkliste? Ist ein »Weiter so!« angemessen oder müssen Sie etwas in Ihrem Führungshandeln verändern? Wenn »Ja«: Was konkret?

Vom Nutzen der Persönlichkeitstypologien

Warum überhaupt ist es zielführend, mit Persönlichkeitstypologien zu agieren? Lassen Sie uns dazu einen Blick auf das typorientierte Changemanagement werfen. Es geht darum, im Rahmen des Veränderungsmanagements jeden Mitarbeitenden bei seinem individuellen Veränderungsmotiv zu packen. Dazu ein paar Beispiele:

- Der feuerrote und dynamisch-dominante Mitarbeitende erfordert von Ihnen ein anderes Führungshandeln: Verdeutlichen Sie ihm, dass der Change die einmalige Chance bietet, seinen Verantwortungsbereich zu vergrößern und auf der Karriereleiter eine entscheidende Stufe nach oben zu klettern.
- Den sonnengelben kommunikativen Beziehungstyp gewinnen Sie, indem Sie ihm nachweisen, dass die Veränderung den Spaßfaktor in seinem Verantwortungsbereich erhöht und dazu führt, zu den Kunden, aber auch zu den Kolleginnen und Kollegen und den Führungskräften bessere Beziehungen aufzubauen. Gelingt Ihnen dies, überzeugen Sie diesen Mitarbeitertyp von der Notwendigkeit des Change.
- Dem erdgrünen sicherheitsorientierten Mitarbeitenden zeigen Sie auf, dass die Veränderung seinen bisherigen Arbeitsrhythmus nicht vollkommen auf den Kopf stellt und ihn dabei unterstützt, zu bleiben, wer er ist: »Ändere dich täglich – und du kannst bleiben, wie du bist.« Weisen Sie ihm nach, wie der Change seinen Arbeitsplatz sichert und seinem Sicherheitsbedürfnis entgegenkommt.
- Der eisblaue zahlenorientierte Controllertyp will von Ihnen wissen, welchen messbaren Nutzen die Veränderung für ihn hat. Wenn Sie ihm messbare und nachweisbare Vorteile belegen können, die durch den Change entstehen, haben Sie ihn für die Veränderungssache gewonnen.

Falls Sie sich mit Persönlichkeitstypologien etwas auskennen, werden Sie in der Beschreibung die Insights-Persönlichkeitstypologie wiedererkennen. Insights gehört zu den bewährten Erklärungsmodellen menschlichen Verhaltens. Die Typologie geht auf die persönlichkeitstypologischen Forschungen der Psychologen Carl Gustav Jung, William Moulton Marston und Jolande Jacobi zurück. Besonderer Beliebtheit erfreuen sich das Modell und die Nachfolgetypologien durch die eingängigen Farbbezeichnungen. Denn diese Typologien sprechen

- vom roten (feuerroten),
- gelben (sonnengelben),
- grünen (erdgrünen) und
- blauen (eisblauen) Typ.

Letztendlich – ich habe dies bereits im vierten Kapitel vermerkt – gehen die meisten der Typologien auf die Temperamentlehre des griechischen Arztes Hippokrates (460 – 370 vor Christus) zurück. Wie aber ist es zu der Zuordnung der Farben zu den Typen gekommen?

Dabei spielt der US-amerikanische Maler Albert Henry Munsell eine Rolle, der von 1858 bis 1918 gelebt hat. Munsell hat ein Farbordnungssystem entwickelt, in dem Aspekte wie Dominanz, Einfluss, Stabilität und Konformität mit den Farben Rot, Gelb, Grün und Blau assoziiert werden. Der Grund: Diese Assoziation sei wohl in vielen Kulturen üblich. Um die vier Verhaltenstypen nach William Moulton Marston kulturübergreifend begreiflich zu machen und die Ableitung bestimmter Charaktereigenschaften zu vereinfachen, wurden sie mit jenen Farben in einen Kontext gestellt.

Statement von Thomas Keppler, Consultant, Ex-CEO & Lifelong Learner, Jahrgang 1967. Thomas Keppler gehört also der Generation X an.

»Als Führungskraft reicht es nicht, einfach nur Aufgaben zu delegieren – es geht darum, die einzigartigen Persönlichkeiten im Team wirklich zu verstehen. Tools wie

Persönlichkeitstypologien sind ein guter Start, aber wahre Führung bedeutet, die Menschen individuell zu fördern.

Ich habe im Laufe meiner beruflichen Stationen als Abteilungsleiter, Bereichsleiter und CEO gelernt, dass wir oft selbst die größte Hürde sind, wenn es darum geht, unser volles Potenzial zu entfalten. Die größte Herausforderung besteht deshalb oft nicht darin, andere zu führen, sondern jedem zu ermöglichen, sein volles Potenzial auszuschöpfen. Nur wenn ich es schaffe, die Stärken und Ziele meiner Mitarbeitenden wirklich zu erkennen, helfe ich ihnen, über sich hinauszuwachsen. Und wie Antoine de Saint-Exupéry sagt: ›Die schönste Freude ist die Freude am anderen.‹

Fazit: Es ist ein unglaubliches Gefühl, wenn du siehst, wie jemand im Team aufblüht, weil du ihm den Raum dafür gegeben hast.«

In meiner praktischen Arbeit haben sich die folgenden typologischen Begrifflichkeiten bewährt:

- Der dominant-zielstrebige Machttyp möchte anderen gern seinen Willen aufzwingen, selbst Ihnen, der Führungskraft. Zu seinen Stärken gehören die Zielorientierung und sein fester Wille, Aufgaben zu erledigen. Die Aufgabenorientierung führt dazu, dass er blind ist für Alternativen, schlecht zuhören kann und so nicht zu jedem Menschen Zugang findet, auch nicht zu Kunden.
- Der kreativ-impulsive Funtyp spuckt eine Idee nach der anderen aus und baut mithilfe seiner menschenzugewandten und positiven Grundhaltung rasch förderliche Beziehungen auf. Allerdings geht dies manchmal mit einer gewissen Oberflächlichkeit einher, er verzettelt sich im Klein-Klein und neigt dazu, aufzugeben, wenn der Spaßfaktor zu kurz kommt.
- Der rücksichtsvoll-freundliche Kumpeltyp agiert zuverlässig, vergisst dabei jedoch manchmal seinen eigenen Vorteil. Er versteht es, sich in andere Menschen hineinzuversetzen und die

Dinge aus ihrer Perspektive wahrzunehmen – eine Fähigkeit, die Sie veranlassen sollte, ihn bei Kunden einzusetzen, die ein Vertrauensverhältnis aufbauen wollen. In konfrontative Kundenbeziehungen sollten Sie ihn jedoch nicht hineinschicken.

- Der sachlich-detailorientierte Prinzipientyp, für den Zahlen, Daten und Fakten alles sind, steht sich oft mit seinem Perfektionismus selbst im Weg. »Erst nachdenken, dann handeln« – das kann ein Erfolgsrezept sein, andererseits blockierend wirken. Er kommt nur langsam in die Umsetzung. Mit seiner gründlichen Art aber führt er selbst schwierigste Aufgaben zu einem erfolgreichen Ende.

Damit aber Schluss mit der Darstellung irgendwelcher Typologien! Die Bezeichnungen »dominant-zielstrebiger Machttyp, kreativ-impulsiver Funtyp, rücksichtsvoll-freundlicher Kumpeltyp und sachlich-detailorientierter Prinzipientyp« sind meine subjektiven Bestimmungen, die sich daraus her- und ableiten, dass ich damit die besten Erfahrungen gesammelt habe. Meine Aufforderung und Bitte an Sie:

Beschäftigen Sie sich mit den verschiedenen Typologien, sammeln Sie Ihre eigene Erfahrungen – und entscheiden Sie sich für eines dieser Hilfsinstrumente. Wichtig: Vergessen Sie nie, Ihre typologischen Eindrücke im persönlichen Gespräch mit einem Mitarbeitenden zu überprüfen.

Beachten Sie die Relativität der Typzuordnungen

Die Kenntnis der vier Grundtypen bietet Ihnen eine erste Handhabe, die Mitarbeitenden einzuschätzen. Aber Achtung: In der Realität gibt es zahlreiche Mischformen – kein Persönlichkeitstypus tritt in Reinkultur auf. Zudem sollten Sie sich stets der

Relativität solcher Beurteilungen bewusst sein. Ein Beispiel verdeutlicht dies:

- Der Verkäufer Martin Hofmann ist ein sachlich-detailorientierter Prinzipientyp und agiert stets ordentlich und gewissenhaft, fast schon kleinlich.
- Die Kollegin Monika Hertz kann als kreativ-impulsiver Funtyp bezeichnet werden, sie agiert recht chaotisch und hinterlässt immer wieder ein gewaltiges Durcheinander.
- Der Kollege Michael Stevens steht – was seine Ordnungsliebe anbelangt – zwischen den beiden.
- Wie nun beurteilen der ordentliche und kleinliche Mitarbeiter und die Chaotin den gemeinsamen Kollegen? Herr Hofmann bezeichnet Michael Stevens als eher unordentlichen Menschen, während Monika Hertz ihn fast schon als Pedanten sieht.
- Beide haben recht – denn beide betrachten den Kollegen durch ihre jeweils subjektiv gefärbte Brille.

Ziehen Sie Konsequenzen für Ihr Führungshandeln

Sie wissen es bereits: Eine Typologie gibt auch einen ersten Überblick über die eigenen Verhaltenspräferenzen, Stärken und Fähigkeiten. Zudem erfahren Sie etwas über Ihre Wirkung auf andere, auch auf Ihre Mitarbeitenden:

- Eine Führungskraft, die feststellt, dass sie zu den kreativ-impulsiven Funtypen gehört, sollte sich der Tatsache bewusst sein, dass sie aufgrund ihrer oft überbordenden kommunikativen Art auf andere Menschen aufdringlich wirken könnte.
- Eine Führungskraft, die typologisch als dominant-zielstrebiger Machttyp auftritt, muss aufpassen, andere Menschen nicht ständig vor den Kopf zu stoßen. Und sie darf nicht vergessen, auf ihrem rasanten Weg nach vorn die Mitarbeitenden mitzunehmen.

Zum Abschluss dieses Kapitels führe ich ein konkretes Beispiel für die Bedeutung der Persönlichkeitstypologien für Ihre Mitarbeiterführung und Ihr Mitarbeitercoaching an:

- Nehmen wir dazu an, Sie planen mit einem eher dominant-zielstrebigen Machttypen ein Kritikgespräch. Was ist zu erwarten? Dieser Mitarbeitende reagiert in Stresssituationen oft aggressiv, weil er Ihre Kritik etwa als ungerechtfertigt interpretiert. Mein Praxistipp: Sie sollten Ihre Kritik ausreichend begründen und dem Mitarbeitenden glasklar zu verstehen geben, warum Sie die Kritik für gerechtfertigt halten.
- Bei der Mitarbeiterin hingegen, die zum kreativ-impulsiven Funtyp tendiert und auf den Aufbau guter Beziehungen zu anderen Menschen Wert legt, besteht die Gefahr, dass sie Ihre Kritik als persönlichen Angriff missversteht. Mein Praxistipp: Tragen Sie Ihre Kritik eher behutsam vor, am besten als Ich-Botschaft. Denn Sie-Botschaften werden vom Gesprächspartner häufig als Angriff interpretiert.
- Der rücksichtsvoll-freundliche Kumpeltyp reagiert auf Kritik oft verunsichert und nimmt sie wie ein Urteil hin. Sie sollten einen Mitarbeitenden mit dieser Verhaltenspräferenz bei der Konfliktlösung zur aktiven Teilnahme motivieren. Mein Praxistipp: Das gelingt am besten, indem Sie ihm alle wichtigen Hintergrundinformationen zu dem Konflikt an die Hand geben. Stellen Sie auch persönliche Fragen zu den Kritikpunkten.
- Kommen wir zum sachlich-detailorientierten Prinzipientypen: Er neigt dazu, Ihre Kritik einer übergenauen Analyse zu unterziehen. Mein Praxistipp lautet darum: Stellen Sie die Kritikpunkte ausführlich, sachlich und mit zahlreichen Belegen und Beweisen versehen dar. Führen Sie diesen Mitarbeitenden Schritt für Schritt von der Konfliktanalyse zur Konfliktlösung.

Nehmen Sie sich Zeit zur Selbstreflexion

Greifen Sie zu Ihrem Reflexions-Notizbuch:

- Können Sie sich vorstellen, bei Ihrer Mitarbeiterführung und Ihrem Mitarbeitercoaching eine Persönlichkeitstypologie einzusetzen?
- Welche Persönlichkeitstypologie soll das sein?
- Wie gehen Sie konkret vor?

Bei Einstellungen helfen Persönlichkeitstypologien bei der Überprüfung, inwiefern das Verhaltensprofil des neuen Mitarbeitenden und das Anforderungsprofil der vakanten Position übereinstimmen. Es ist so eher möglich, den »richtigen« Mitarbeitenden für die »richtige« Stelle zu finden – mehr dazu in Kapitel 16.

Eine weitere Einsatzmöglichkeit: In – zum Beispiel – der Vertriebsabteilung soll einer der Außendienstler, die schon länger für das Unternehmen arbeiten, die Aufgabe übernehmen, neue Kollegen einzuarbeiten: Er soll sie bei ihren ersten Außenterminen mit Kunden begleiten und unmittelbar danach kritisch-konstruktives Feedback »in der Cafeteria gegenüber« geben. Dazu möchten Sie einen Mitarbeitenden auswählen, der zu Kooperation und Partnerschaftlichkeit fähig, gleichzeitig jedoch zielstrebig veranlagt ist. Mit Hilfe einer Typologie können Sie besser einschätzen, welcher Mitarbeitende dazu mit hoher Wahrscheinlichkeit geeignet ist.

Fazit: Das Wichtigste im Überblick

Mit den folgenden fünf Schritten gelingt es Ihnen, die Persönlichkeit Ihrer Mitarbeitenden bei der Führungsarbeit angemessen zu berücksichtigen:

1. Coachingprinzipien beachten
2. Mitarbeitende mit Respekt und Achtung führen und als Individuen wertschätzen

3. Menschen- und Ergebnisorientierung zusammendenken
4. Persönlichkeitsanalyse einsetzen
5. Ergebnisse der Persönlichkeitstypologie im persönlichen Mitarbeitergespräch überprüfen

Was Sie jetzt sofort tun sollten

- Beschäftigen Sie sich mit den verschiedenen Typologien, sammeln Sie Ihre eigene Erfahrungen.
- Entscheiden Sie sich für eines dieser Hilfsinstrumente.

.2 Unterstützen Sie Ihre Mitarbeitenden bei er Verwirklichung der Unternehmensziele und er eigenen Ziele

Kapitelcheck

Übersicht zu den wichtigsten Kapitelinhalten

Sie helfen Ihren Mitarbeitenden generationenübergreifend bei der Zielerreichung, indem Sie mit ihnen zu einem klaren Commitment gelangen, also von ihnen das verbindliche Ja-Wort zu den gemeinsamen Zielen erreichen. Zudem sorgen Sie dafür, dass sie in einer produktiven Lernkultur genau diejenigen Kompetenzen aufbauen, die sie zur Zielerreichung benötigen.

Ihr Nutzen

Sie wissen aus Kapitel 5, wie Sie sich selbst verbindliche und erreichbare Ziele setzen. Nun erfahren Sie, wie Ihnen dies aufseiten Ihrer Mitarbeitenden gelingt.

as traditionelle Zielvereinbarungsgespräch ist tot

Es ist noch gar nicht so lange her, dass sich die Geschäftsführerin eines bekannten IT-Unternehmens im Coachinggespräch mit mir über den Unsinn und die Zwecklosigkeit von Zielvereinbarungsgesprächen beklagt hat: »Da setzen wir uns stundenlang zu Jahresgesprächen oder zum Jahresendmeeting zusammen und diskutieren die Ziele, die die Mitarbeitenden bitteschön erreichen sollen. Doch spätestens am Ende des ersten Quartals sitzen wir im Review, weil wir feststellen müssen, dass die vereinbarten Ziele einfach nicht durchzusetzen und zu erreichen sind. Was läuft da nur schief, Herr Hagmaier?« Meine Antwort ist eindeutig:

»Schaffen Sie endlich das herkömmliche Zielvereinbarungsgespräch ab! Es hat ausgedient. Es ist an der Zeit, neue Wege zu gehen. Denken Sie um, denken Sie groß, trauen Sie sich, kreative Seitenwege zu beschreiten.«

Zunächst einmal: Versuchen Sie, zu einer möglichst große Schnittmenge zwischen Ihren unternehmerischen Zielen und den Zielen der einzelnen Mitarbeitenden zu gelangen. Der Grund liegt auf der Hand: Menschen engagieren sich mehr bei der Zielerreichung, wenn sie sich mit den Zielen identifizieren können. Und zwar generationenübergreifend! Wenn Ihre Mitarbeitenden ihre eigenen Ziele in denen des Unternehmens gespiegelt sehen – und umgekehrt –, erhöht sich der Identifikationsgrad beträchtlich. Kurz und gut: Es ist richtig, wenn die Ziele der Mitarbeitenden und des Unternehmens kompatibel sind!

Eine bewährte Methodik, zu dieser Kompatibilität zu gelangen, ist die Commitment-Technik.

Coachen mit Commitment und konkreten Aktivitäten

Das Grundprinzip der Commitment-Technik lautet: Führen mit Vereinbarungen heißt, dass Sie als Führungskraft die Zustimmung der Mitarbeiterin oder des Mitarbeiters einholen und ein Ja-Wort oder Commitment erhalten. Bei der Festlegung der Ziele und Vereinbarungen legen Sie gemeinsam mit den Gesprächspartnern konkrete Aktivitäten fest, die zur Zielerreichung führen. Führungskraft und Mitarbeiter diskutieren außerdem, was getan werden muss, wenn die Zielerreichung gefährdet ist. Proaktiv besprechen die Beteiligten, was geschehen soll, falls es auf dem Weg zur Zielerreichung Stolpersteine beiseite zu räumen gibt.

Effektive Gespräche statt Zeitverschwendung

Nochmals zurück zu jener Geschäftsführerin des IT-Unternehmens: Das Beispiel hat mir wieder einmal deutlich vor Augen geführt, dass viele Zielvereinbarungsgespräche das Papier nicht wert sind, auf dem sie protokolliert werden. Mitarbeitende wollen oft die im Zielvereinbarungsgespräch verhandelten Zahlen möglichst niedrig hängen, damit es ihnen garantiert gelingt, über die Hürde zu springen. Naturgemäß – und verständlicherweise – wollen sie sich nicht durch zu visionäre Zahlen unter Druck setzen lassen.

Die Führungskraft hingegen befürchtet, die Latte zu niedrig zu legen und Umsatzpotenziale zu verschenken, weil die Mitarbeitenden in ihren Bemühungen nachlassen – sie haben die Ziele ja bereits erreicht! Und warum sollten sie freiwillig dafür sorgen, dass die Zielvereinbarung im nächsten Gespräch noch höher ausfällt?

Wobei es sich letztendlich bei den sogenannten »Vereinbarungen« doch nur um Vorgaben handelt, die von der Führungskraft in liebe, sozialverträgliche Worte gekleidet werden. Das heißt aus meiner Sicht: Denken Sie über die Revolutionierung des klassischen Zielvereinbarungsgesprächs nach. Nutzen Sie Ihre Veränderungskompetenz, um diese Gespräche endlich effektiver zu gestalten. Dazu sind fünf Schritte erforderlich.

Statement von Klaus Hünerkopf, HÜNERKOPF GmbH & Co. KG, Jahrgang 1966. Klaus Hünerkopf gehört der Generation X an.

»Bei uns in der Firma gibt es kein Zielvereinbarungsgespräch mehr, bei dem nicht alle Beteiligten mit einem eindeutigen Ja-Wort herausgehen. Das Commitment betrifft die Führungskräfte und die Mitarbeitenden gleichermaßen. Die Mitarbeitenden zeigen sich mit der Aktivitätenplanung einverstanden und übernehmen so einen Teil der Verantwortung.«

Schritt 1: Erst die Strategie, dann die Ziele festlegen

Es genügt nicht, lediglich ein paar Umsatz- und Gewinnzahlen festzulegen. Nehmen wir das Beispiel einer Vertriebsabteilung: Ein Vertriebsleiter sollte die Gespräche mit den Mitarbeitenden grundsätzlich nutzen, um die Aktivitäten der Mitarbeitenden dahingehend auszurichten, dass sie helfen, die Strategie des Unternehmens umzusetzen.

Dazu ein Beispiel: Nehmen wir an, das Unternehmen strebt unter der langfristigen strategischen Perspektive an, die Serviceorientierung konsequent zu erhöhen. Die Umsatz- und Gewinnsteigerung ist die logische Folge. Darum gilt: Jede Vereinbarung mit den Mitarbeitenden sollte vom »Geist der Serviceorientierung« geprägt sein. Ein Kompetenzcheck zeigt, wo die Engpässe in der Vertriebsabteilung liegen und welche Kompetenzen die Führungskräfte und Mitarbeitenden mithilfe von Entwicklungsprogrammen aufbauen müssen, um das strategische Unternehmensziel zu erreichen.

Eine Einigung zu dieser strategischen Entscheidung zu erzielen, ist die vordringliche Intention, die Sie mit dem Zielvereinbarungsgespräch verfolgen.

Schritt 2: Aktivitäten und Vereinbarungen statt Vorgaben

Vorgaben werden von den Mitarbeitenden meistens als aufgezwungene Maßregelungen empfunden. Der Identifikationsgrad ist gleich null. Wie erreichen Sie es, dass sich die Mitarbeitenden mit den Unternehmenszielen einverstanden erklären und ihre Leistungen gern und engagiert in den Dienst der Erreichung der Unternehmensziele stellen?

Wie gesagt: Vor allem sollten Sie die Vereinbarungen keinesfalls allein an Umsatz- und Gewinnzahlen festmachen.

Motivierender ist es, wenn Sie sie auf konkrete Aktivitäten herunterbrechen, die messbar, nachprüfbar und individualisierbar sowie zeitlich und qualitativ klar beschrieben sind.

Es ist Ihre Aufgabe, die Aktivitäten so genau und detailliert wie möglich zu formulieren und zu kommunizieren. Schauen wir dazu wieder in die Vertriebsabteilung: Während die ergebnisorientierte Vorgabe »15 Prozent mehr Umsatz« das Ziel darstellt, beschreibt die Aktivitätenliste den Weg zur Zielerreichung: Der Vertriebsleiter vereinbart mit jedem Verkäufer und jeder Verkäuferin punktgenaue Maßnahmen und verknüpft sie mit Kennzahlen, die der individuellen Situation des einzelnen Mitarbeiters angepasst sind – zum Beispiel:

- »Besuchen Sie pro Woche vier Stammkunden, um die Beziehung zu festigen.
- Rufen Sie jede Woche 25 potenzielle Neukunden an.
- Vereinbaren Sie mindestens drei Termine.«

Erfahrungsgemäß fällt es einem Verkäufer relativ leicht, diese doch sehr konkreten, überschaubaren und für ihn messbaren und nachvollziehbaren Aktivitäten einzuschätzen und sich mit ihnen einverstanden zu erklären.

chritt 3: Typgerecht statt eindimensional kommunizieren

Verknüpfen Sie in diesem Schritt die Vorgehensweise mit dem Wissen, das Sie im Rahmen des elften Kapitels erworben haben: Sie können gut einschätzen, wie Ihre Mitarbeitenden ticken, welche einzigartige Persönlichkeit sie haben und welche Motive sie antreiben. Darum: Gehen Sie auch bei den Zielvereinbarungen auf die individuellen Stärken und Schwächen der Mitarbeitenden ein. Es ist zielführend, die unterschiedlichen Charaktere und Persönlichkeiten zu berücksichtigen, den individuellen Motivationsknopf zu finden und zu drücken und überdies das emotionale Warum zu berücksichtigen. Wiederum konkret:

- Den dynamischen und zielorientierten Mitarbeiter (also den dominant-zielstrebigen Machttyp) motivieren Sie, indem Sie ihm zeigen, dass und wie ihm die Erreichung der Zielvereinbarungen die Chance bietet, seinen Verantwortungsbereich zu vergrößern und einen Karriereschritt zu tun.
- Dem kreativ-impulsiven Funtyp stellen Sie in Aussicht, dass er seine Kreativität einsetzen kann, um die Unternehmensziele zu erreichen. Argumentieren Sie, dass sein Engagement dazu beiträgt, den Freude- und Spaßfaktor in der Abteilung zu erhöhen.
- Den rücksichtsvoll-freundlichen Kumpeltyp motivieren Sie zur Zielerreichung, indem Sie betonen, dass sich so die Beziehungen zwischen den Kolleginnen und Kollegen sowie die Beziehungen zwischen den Führungskräften und den Mitarbeitenden optimieren lassen.
- Beim disziplinierten Controllertyp (also beim sachlich-detailorientierten Prinzipientyp) arbeiten Sie mit berechenbaren Argumenten und belegbaren Zahlen, Daten und Fakten. Sie weisen nach, wie sein Engagement zur wirtschaftlichen Stabilisierung des Unternehmens beiträgt.

Bereiten Sie jedes Gespräch individuell vor und berücksichtigen Sie immer die jeweilige Persönlichkeitsstruktur des Mitarbeitertypus.

Schritt 4: Lösungen anbieten statt in Problemen schwelgen

Traditionelle Zielvereinbarungsgespräche verlaufen häufig rückwärtsgerichtet und halten sich allzu lange mit der Analyse der Vergangenheit auf. Analyse muss selbstverständlich sein, aber bleiben Sie dabei nicht stehen. Arbeiten Sie im Zielvereinbarungsgespräch mit proaktiven Lösungen. Das heißt im Einzelnen:

- Legen Sie gemeinsam mit den Mitarbeitenden Maßnahmen für den Fall fest, dass etwas nicht wie gewünscht läuft. Fragen Sie sich: Welche Hindernisse könnten eventuell auf dem Weg zum Ziel auftreten? Wie lassen sie sich umgehen oder vermeiden?
- Bereits im Vorfeld, bevor also ein Hindernis überhaupt erst auftritt, besprechen und vereinbaren Sie mögliche Lösungsoptionen. Wenn es dann mit der Zielerreichung nicht funktioniert, können die Mitarbeitenden und Sie vielleicht anhand der vereinbarten Aktivitäten analysieren, woran es gelegen hat, und prüfen, was verbessert werden muss: »Herr Ramsauer, wenn Sie die vereinbarte Anzahl der Kundengespräche nicht realisieren können, sollten wir über Ihr Zeitmanagement reden!«

Überlegen Sie genau, welche Stolpersteine auf dem Weg zur Zielerreichung auftauchen könnten. Legen Sie fest, was zu tun ist: Eventuell benötigt Herr Ramsauer Unterstützung durch einen erfahrenen Kollegen oder einen Mentor, vielleicht sollte er eine Weiterbildungsmaßnahme absolvieren.

So zeigen Sie Ihren Mitarbeitenden, dass und wie Sie sie unterstützen wollen. Fragen Sie zudem, was diese selbst bereit zu tun sind, um die vereinbarten Ziele zu verwirklichen, und welche Unterstützung »von oben« sie sich dabei erhoffen. Fragen Sie gezielt nach: »Wie kann ich Ihnen helfen, das Ziel zu erreichen?«

Schritt 5: Das Ja-Wort einholen

Entscheidend ist, bei allen genannten Schritten das Commitment der Mitarbeitenden einzuholen. Das gilt nicht nur für die vereinbarten Ziele, sondern auch und vor allem für die Aktivitäten, die zur Zielerreichung führen sollen.

Legen Sie gemeinsam mit den Mitarbeitenden Vereinbarungen und Umsetzungsmaßnahmen fest, zu denen diese ausdrücklich ihre Zustimmung geben.

Meine Erfahrung ist: Je früher ein Mitarbeiter an der Zielfestlegung und der detaillierten Planung von Umsetzungsaktivitäten beteiligt wird, desto größer sind die Erfolgsaussichten. Holen Sie darum das Commitment ein, dass die beschlossenen Aktivitäten aus seiner Sicht durchführbar sind. Diskutieren Sie die Zahlen und Vereinbarungen so lange, bis beide Seiten zustimmen können. Und Achtung: Geschieht dies nicht, wird der Mitarbeiter mit hoher Wahrscheinlichkeit ein Ziel als aufgezwungene Vorgabe auffassen, nicht als gemeinsam getroffene Vereinbarung.

Erfolgt das Commitment, erhält die Zustimmung des Mitarbeiters einen verpflichtenden und verbindlichen Charakter. Er übernimmt eine Mit-Verantwortung für die Erreichung der Ziele und geht engagierter zu Werke, weil er an deren Erarbeitung beteiligt ist und ihnen zugestimmt hat.

Nehmen Sie sich Zeit zur Selbstreflexion

Greifen Sie zu Ihrem Reflexions-Notizbuch:

- Was halten Sie von der dargestellten Commitment-Kultur?
- Wie sollten Sie vorgehen, um in Zukunft das Ja-Wort zu Zielvereinbarungen von Ihren Mitarbeitenden zu erhalten?

Kompetenz-, Lern- und Weiterbildungskultur entwickeln

Sie unterstützen Ihre Mitarbeitenden bei der Zielerreichung, indem Sie es ihnen ermöglichen, genau diejenigen Kompetenzen aufzubauen, die sie brauchen, um an ihrem Arbeitsplatz einen Top-Job zu leisten und Spitzenleistungen zu erbringen. Sie erinnern sich an Kapitel 10 und die Aufgaben des Talent-Scouts: Führen Sie regelmäßig Kompetenzchecks durch, bei denen Sie die erforderlichen Kompetenzen (Kompetenz-Soll) festlegen, die ein Mitarbeiter benötigt, um jenen Top-Job leisten zu können. Danach steht die Analyse der tatsächlich vorhandenen Kompetenzen (Kompetenz-Ist) an: In welchem Ausprägungsgrad liegen die Kompetenzen vor? Danach fahren Sie einen Abgleich zwischen Kompetenz-Soll und Kompetenz-Ist, um die Kompetenzlücken mithilfe geeigneter Weiterbildungsmaßnahmen zu schließen. Sie gehen also wie in Kapitel 7 beschrieben vor – nur, dass dieses Mal nicht Sie, sondern die Kompetenzen Ihrer Mitarbeitenden in den Fokus rücken.

Zentral ist, dann auch tatsächlich die richtigen Weiterbildungsmaßnahmen aufzulegen, die geeignet sind, jene Kompetenzgaps zu bearbeiten.

Hilfreich ist eine Lernkultur, die Fehler als Lernchancen akzeptiert und zulässt, und Weiterbildung als Möglichkeit interpretiert, sich im Prozess des lebenslangen Lernens permanent weiterzuentwickeln.

Die meisten Unternehmen haben diese Forderung und Überzeugung in ihren Unternehmensgrundsätzen stehen – allerdings hapert es oft an der Umsetzung. Gerade in wirtschaftlich schwierigen Zeiten wird am Weiterbildungsetat die Axt angelegt und an der beruflichen und persönlichen Weiterentwicklung zuallererst gespart. Aber das ist natürlich eine kurzsichtige Sicht- und

Vorgehensweise, deren fatale Folgen das Unternehmen irgendwann äußerst schmerzhaft zu spüren bekommt. Darum gilt:

- Nutzen Sie alle Weiterbildungsformate, die Ihnen zur Verfügung stehen.
- Denken Sie nicht nur an die klassischen Formate wie etwa Seminare, Trainings und Coachings, sondern auch an das E-Learning, das Formen des Lernens meint, die durch elektronische, technische und digitale Medien unterstützt werden.
- Hinzu kommt der Bereich des Live-Online-Trainings, bei dem sich Veranstalter, Trainer und Teilnehmende im virtuellen Raum zusammenfinden, zum Beispiel in einem Webinar.
- Immer beliebter werden die hybriden Formen des Lernens, bei dem etwa klassische Präsenztrainings und internetbasierte E-Learning-Trainings kombiniert werden.

Fazit: Das Wichtigste im Überblick

- Das Führen mit Vereinbarungen heißt, dass die Führungskraft generationenübergreifend die Zustimmung des Mitarbeiters einholt und sein Ja-Wort erhält. Bei der Festlegung der Ziele und Vereinbarungen werden konkrete Aktivitäten bestimmt, die zur Zielerreichung führen. Führungskraft und Mitarbeiter diskutieren, wie gehandelt werden muss, wenn die Zielerreichung gefährdet ist.
- Voraussetzung für eine funktionierende Commitment-Kultur ist die Steuerung des Unternehmens durch eine konkrete Aktivitätenplanung, und nicht mehr durch Zielsetzungen im Bereich »Umsatz und Gewinn«.

Was Sie jetzt sofort tun sollten

- Prüfen Sie, ob die Struktur des neuen Zielvereinbarungsgesprächs in Ihrem Verantwortungsbereich realisierbar ist.
- Gehen Sie in die Umsetzung und wenden Sie die neue Struktur in Ihren nächsten Zielvereinbarungsgesprächen an.

13 Verbesserungen statt Veränderungen – so steigern Sie die Veränderungskompetenz Ihrer Mitarbeitenden

Kapitelcheck

Übersicht zu den wichtigsten Kapitelinhalten

Sie tragen zur Veränderungsbereitschaft und Veränderungskompetenz Ihrer Mitarbeitenden bei, indem Sie den Veränderungsdruck von ihnen wegnehmen und die Verbesserungsformel »Verändere nichts, wenn es gut läuft! Strebe Verbesserungen an!« verwirklichen. In diesem Kapitel erfahren Sie zudem, wie Ihre Mitarbeitenden ihre Widerstandskräfte verbessern.

Ihr Nutzen

Sie motivieren Ihre Mitarbeitenden, Verbesserungen in ihrem Verantwortungsbereich mit Freude und Herzblut durchzuführen. Zudem stärken Sie ihre Resilienz, ganz gleich, welcher Generation sie angehören.

Wachsende Herausforderungen in transformativen Zeiten

Der digitale Wandel ist unaufhaltsam und unumkehrbar. Die Unternehmen stehen vor gewaltigen agilen Umbrüchen und revolutionären Transformationen. Alles muss immer schneller und schneller und schneller gehen ...

Die Konsequenz: Unternehmensführung geht anders, Mitarbeiterführung geht anders, Marketing und Vertrieb gehen anders. Die Folgen des transformativen Wandels strahlen in alle Unternehmensbereiche aus und prägen die Arbeitswelt. Der Ruf nach

Veränderungsprozessen ist allgegenwärtig – und wird daher leider nicht mehr hinterfragt.

Wenn ich im Coaching mit Unternehmerinnen und Unternehmern, Vorständen, Geschäftsführerinnen und Geschäftsführern sowie Führungskräften spreche, habe ich oft den Eindruck, der Veränderungswahn sei ausgebrochen. Das Problem: Dabei bleiben viele Mitarbeitende auf der Strecke, denn die meisten oder zumindest viele Menschen gehören zu den Bewahrertypen und wünschen sich, alles möge doch bitteschön beim Alten bleiben. Darum ist aus meiner Sicht die Verabschiedung einer unreflektierten Veränderungsbereitschaft notwendig. Der Veränderungswahn muss ein Ende haben.[1]

Selbstverständlich ist Veränderung überlebensnotwendig. Problematisch wird es allerdings, wenn der Change-Hype als alternativlos dargestellt wird und die Veränderung angesichts der transformativen disruptiven Herausforderungen als einzige Möglichkeit gilt, Zukunft zu sichern.

Eine destruktive Komponente entsteht, wenn bei der Gelegenheit gleich auch noch das mit verändert wird, das bisher recht gut lief.

Dann kann Changemanagement für ein Unternehmen sogar gefährlich werden. Das Vorstandsmitglied eines mittelständischen Unternehmens aus der Konsumgüterindustrie sagte einst zu mir, nachdem ganze Beraterhorden bei ihm eingefallen waren, um das Unterste zuoberst zu kehren: »Die Fehler hatten wir vor der Veränderung ganz gut im Griff, jetzt herrscht das Chaos, weil alles ein wenig verändert, aber nichts wirklich neu geschaffen wurde.«

»Goodbye, Veränderung – willkommen, Verbesserung!«

Wer es wagt, die Notwendigkeit von Changemanagement in Zweifel zu ziehen, und anmerkt, es gebe bewährte Gewohnheiten, Standards und Rituale, die durchaus erhaltenswert sind, muss mit dem heftigen Gegenwind der Veränderungs-Gurus rechnen. Niemand traut sich mehr, Fragen wie die folgenden zu stellen:

Ist die Veränderung überhaupt notwendig?

Zieht die Veränderung wirklich eine Verbesserung nach sich?

Hilfreich ist ein Perspektivenwechsel, der es wieder erlaubt, die Nachteile eines wenig durchdachten und unreflektierten Veränderungsfetischismus zu benennen. Es sollte wieder erlaubt sein, Alternativen zum üblichen Umgang mit Veränderungen zu benennen. Für mich ist diese Verbesserungsformel entscheidend:

> **Verbesserungen statt Veränderungen! Oder auch: »Goodbye, Veränderung – willkommen, Verbesserung!«**

Zentral sind drei Regeln:

- Regel 1: Verändere nichts, wenn es gut läuft.
- Regel 2: Schaffe Neues, ohne das Alte zu zerstören, integriere es.
- Regel 3: Entwickle Erfolgsgewohnheiten weiter, anstatt dir immer wieder neue Gewohnheiten anzueignen.

Mittlerweile ist der Begriff »Veränderung« bei vielen Menschen negativ besetzt. Nicht nur darum sollten wir eher Verbesserungen anstreben. Wenn ich heute in den Firmen Unternehmer, Manager und Führungskräfte frage, ob sie lieber etwas verändern oder verbessern wollen, ernte ich erstaunte Blicke: »Natürlich wollen wir uns verbessern!« Es stellt sich die Frage, warum die Damen und

Herren denn dann überhaupt auf die Veränderung setzen? Warum nehmen sie sich nicht gleich vor, die Dinge zu verbessern?

Statement von Gabriele Heib, Keck & Lang GmbH, Jahrgang 1969. Gabriele Heib gehört der Generation X an.

»Meine Erfahrung zeigt, dass es zielführend ist, den Begriff ›Veränderung‹ zu vermeiden. Denn allein schon das Wort ist geeignet, aufseiten vieler Mitarbeitenden Ängste, Befürchtungen und andere negative Emotionen zu wecken. Das gilt übrigens für alle Generationen. Nehmen wir an, bei uns in der Firma marschiert eine Führungskraft in die Abteilung und verkündet stolz, nun werde sich einiges oder gar alles verändern. Gemeint ist dann doch unterschwellig: ›*Ihr* müsst euch verändern, *Ihr* sollt ab sofort alles anders machen.‹ Ich bin sicher, bei den Mitarbeitenden würde sich Verunsicherung breitmachen: ›Haben wir bisher denn alles falsch gemacht? Ist gar nichts gut gelaufen? Warum sind wir dann nicht längst insolvent?‹ Motivierender wäre es aus meiner Sicht, von Verbesserungen zu sprechen und nachzuweisen, welche Konsequenzen dies für Firma und Menschen hätte, etwa mehr Marktanteile, sicherere Arbeitsplätze, größere Kundenorientierung und inspirierende Arbeitsplätze. Statt blockierender Veränderungsängste könnte so zukunftsorientierte Verbesserungsenergie entstehen.«

Veränderung oder Verbesserung – das ist mehr als ein akademischer Streit um Worte. Wer mit Changedenken an die Dinge herantritt, wird vieles über Bord werfen, um Platz zu schaffen. Das liegt in der Natur der Veränderung, bei der wir etwas anders machen möchten. Wer sich hingegen auf die Verbesserung konzentriert und mit Verbesserungsdenken agiert, gelangt zu anderen Fragestellungen, etwa:

- Was hat sich bewährt und sollte fortgeführt oder als Ausgangspunkt zur Verbesserung genommen werden?
- Gibt es etablierte Denk-, Gefühls- und Verhaltensgewohnheiten, die nicht verändert werden, sondern beibehalten werden sollten?

Meine Erfahrung ist: Gerade Bewahrertypen, die sich jeder Veränderung verweigern, öffnen sich bei der Aufgabe »Wir wollen uns verbessern!« wieder. Was also ist zu tun?

rfolgsgewohnheiten beibehalten

Zunächst geht es darum, sich von der Überzeugung, in der Veränderung liege der Stein des Weisen, zu verabschieden. Ich nenne das etwas despektierlich: »Fuck off, Change!« Entscheidend ist, unseren Change Fucks auf die Schliche zu kommen.

Change Fucks – das sind Einstellungen, Überzeugungen und Verhaltensweisen, die bisher dazu geführt haben, dass sich zwar einiges verändert, aber nichts verbessert hat.

Aber es gibt sie doch – die Gewohnheiten und Rituale, die Gutes bewirken, Sicherheit geben und Stabilität verleihen. Warum also sollten wir uns von ihnen verabschieden? Gewohnheiten und ritualisierte Verhaltensweisen bieten den Vorteil, den Mitarbeitenden vertraut zu sein. Sie erleichtern ihnen das alltägliche Leben, weil sie über gewisse Dinge nicht ständig aufs Neue nachdenken müssen und so Arbeitsschritte effizienter ausführen können. Und das heißt: Wer an vertrauten Einstellungen anknüpfen kann, hat Zeit und Kraft übrig, um auf dieser Grundlage Anpassungen in einem überschaubaren Maßstab vorzunehmen und diese in das Netzwerk etablierter Gewohnheiten einzuordnen. So lässt sich die Gefahr der Überforderung vermeiden.

Des Weiteren gibt es zu viele Menschen, die uns einreden, es sei dringend notwendig, sich ständig zu verändern. »Du musst dich verändern« – ein einflussreicher Change Fuck ist, auf solche Einflüsterungen zu hören, statt eigenverantwortlich zu entscheiden. Ich jedenfalls lasse mir von niemandem mehr den Veränderungszwang aufdrängen. Denn es ist mein Wille, mich zu verbessern, nicht mich zu verändern.

Bessermacher-Mentalität entwickeln

Klar ist: Wer *selbst* zu der Überzeugung gelangt, sich verändern zu müssen, soll dies angehen. Aber zugleich sollte sichergestellt sein, dass die Veränderung tatsächlich eine Verbesserung nach sich zieht.

Darum: Prüfen Sie, inwiefern Sie es auch Ihren Mitarbeitenden ermöglichen können und sollten, sich vom Veränderungsdruck zu befreien. Nehmen Sie dazu Ihre Vorbildfunktion wahr und leben Sie die Verbesserungs-Philosophie vor. Halten Sie an etablierten Erfolgsgewohnheiten fest und betonen Sie im Rahmen Ihrer Mitarbeiterführung, dass es zu den Unternehmensprinzipien gehöre, sich kontinuierlich zu verbessern – nicht einfach nur zu verändern.

Analysieren Sie, welche Erfolgsgewohnheiten Ihrer Mitarbeitenden bisher dazu beigetragen haben, Visionen zu verwirklichen und Ziele zu erreichen. So entsteht aufseiten Ihrer Mitarbeitenden eine Bessermacher-Mentalität.[2] Sie setzen dann darauf, dass bisher nicht alles schlecht war, was in ihrem Verantwortungsbereich geschehen ist, und sich Neues erschaffen lässt, indem das Bewährte weiterentwickelt wird. Die Orientierung an bewährten

Erfolgsgewohnheiten bietet ihnen einen Rahmen, der Sicherheit und Stabilität verleiht.

Unternehmerische Veränderungsprozesse können nur erfolgreich sein, wenn die betroffenen Menschen beteiligt werden, wenn sie »mitziehen« und die Veränderung mittragen. Darum sollten sie von der Sinnhaftigkeit und Notwendigkeit überzeugt und dafür begeistert werden.

Die Bessermacher-Mentalität besagt, dass jeder selbst mitentscheiden darf, ob und inwiefern er sich verändern möchte – oder auch nicht. Im unternehmerischen Kontext muss dies in den jeweiligen Teams, Gruppen und Leitungsgremien diskutiert und entschieden werden. Wenn es gut und wie gewünscht läuft, sollte kein Changeprozess um jeden Preis angestrebt werden. Denn das Risiko, durch Changemanagement Verbesserungen geradezu zu verhindern, ist gegeben.

Aber Achtung: Es geht nicht darum, nun von dem einen ins andere Extrem zu verfallen. Es nutzt nichts, den Veränderungswahn durch einen Verbesserungsterror zu ersetzen. Aber es ist nun einmal zielführend, bei einem anstehenden Veränderungsprozess an bewährten Gewohnheiten anzuknüpfen. Es kann also durchaus sein, dass dem berühmt-berüchtigten »Das haben wir doch immer schon so gemacht!« ein beherztes »Und das ist auch gut so!« folgt.

Es ist oft richtig, nichts zu verändern und alles beim Alten zu belassen, wenn es rundläuft. Häufig liegt die Lösung in der Evolution: in der vorsichtigen Anpassung und darin, das Alte und Bewährte fortzuführen und weiterzuentwickeln.

Nehmen Sie sich Zeit zur Selbstreflexion

Greifen Sie zu Ihrem Reflexions-Notizbuch:

- Wo und wie ist es sinnvoll, das Motto »Goodbye, Veränderung – willkommen, Verbesserung!« zu beherzigen und eher eine vorsichtige Anpassung als eine disruptive Veränderung vorzunehmen?
- In welchen Bereichen ist es zielführend, keine Veränderung, sondern eine Verbesserung anzustreben, indem bewährte Gewohnheiten, Routinen, Prozesse und Abläufe übernommen werden?

Die Resilienz der Mitarbeitenden stärken

Sie haben bereits gelesen, wie Sie Ihre Widerstandskräfte verbessern können. Klar ist: Für Sie als Führungskraft gehört es zu den zentralen Führungsaufgaben, dass auch Ihre Mitarbeitenden in einen ressourcenvollen Zustand gelangen. Sie selbst haben (hoffentlich) mithilfe des sechsten Kapitels Ihre Stabilisatoren gefunden, zum Beispiel Entspannungs- und Meditationsübungen, den Aufenthalt in der freien Natur oder den Theaterbesuch oder die Lektüre. Prüfen Sie, inwiefern Sie Ihre Mitarbeitenden unterstützen können, ihre jeweiligen individuellen Stabilisatoren am Arbeitspatz zu leben. Zumindest können Sie günstige Rahmenbedingungen schaffen, indem Sie alles dafür tun, damit ein sonniges Betriebsklima entsteht und sich der subjektive Wohlfühlfaktor der Mitarbeitenden verbessert. Ermöglichen Sie es Ihren Mitarbeitenden, ebenfalls Entspannungs- und Meditationsübungen während des Arbeitstages zu absolvieren oder einen Spaziergang zu machen, indem es ausreichend Pausen gibt.

In diesem Zusammenhang empfehle ich Führungskräften, ein Betriebsklima-Meeting durchzuführen. Was ist damit gemeint?

Es gibt so viele Meetings, über deren Existenzberechtigung sich streiten ließe – das Betriebsklima-Meeting gehört nicht dazu. In diesen regelmäßig stattfindenden Besprechungen diskutieren Sie gemeinsam mit Ihren Mitarbeitenden die Gewitterwolken, die das Klima verdüstern. Sprechen Sie zusammen Maßnahmen durch, wie sich das Betriebsklima aufhellen lässt.

Des Weiteren steht die Festlegung von Verhaltensregeln auf der Agenda: Klären Sie gemeinsam mit Ihren Mitarbeitenden, wie man in Zukunft miteinander umzugehen gedenkt und was jeder Einzelne konkret tun kann, um zu einer besseren Zusammenarbeit zu gelangen. Wichtig: Lassen Sie sich dabei auf keinen Fall außen vor: Gehen Sie mit gutem Beispiel voran und stellen Sie dar, welchen Beitrag Sie selbst zu einem besseren Betriebsklima leisten wollen.

Das Meeting hilft Ihnen, die einzelnen Maßnahmen im gemeinsamen Gespräch mit den Mitarbeitenden miteinander zu verzahnen – und ihnen zu verdeutlichen, dass jeder zu der Entwicklung des Betriebsklimas einen Beitrag leisten kann. Sie sehen:

Der größte Hebel zur Steigerung der Widerstandskräfte liegt in Ihrer Führungsarbeit begründet.

Darüber ließe sich ein eigenes dickes Buch schreiben – ich beschränke mich darauf, die zehn elementaren werteschätzenden Führungsverhaltensweisen zu nennen, die im Übrigen ebenfalls generationenübergreifend wirken:

- Praxistipp 1: Pflegen Sie einen strikt mitarbeiterorientierten Führungsstil, den Sie jeweils der Persönlichkeit und dem Typus des einzelnen Mitarbeitenden anpassen.

- Praxistipp 2: Achten Sie den Menschen im Mitarbeitenden. Er ist kein Funktions- und Positionsträger, der zu funktionieren hat, sondern zuallererst ein Mensch.
- Praxistipp 3: Etablieren Sie ein Stärkenmanagement, sodass die Mitarbeitenden ihre Potenziale voll ausschöpfen und weiterentwickeln können.
- Praxistipp 4: Ermöglichen Sie den Flow in der Zusammenarbeit. Es darf weder zu Über- noch zu Unterforderungen kommen.
- Praxistipp 5: Beachten Sie bei der Führungsarbeit die bereits im achten Kapitel angesprochenen psychologischen Grundbedürfnisse: das Kompetenzbedürfnis, das Autonomiebedürfnis und das Zugehörigkeitsbedürfnis. Die meisten Mitarbeitenden wollen am Arbeitsplatz ihre Kompetenzen entfalten und entwickeln, eigene Entscheidungen treffen und sich (einem größeren Ganzen) zugehörig fühlen – schaffen Sie Identifikationsmöglichkeiten.
- Praxistipp 6: Führen Sie sinnorientiert. Nicht alle, aber viele Mitarbeitende wollen in ihrer Arbeit einen tieferen Sinn sehen. Die meisten Menschen arbeiten leistungsorientierter und engagierter, wenn sie auf die Frage nach dem fundamentalen Zweck ihrer Arbeit eine Antwort erhalten: »Welchen Sinn und Zweck verfolgen wir? Was ist unser Warum und Wozu?«
- Praxistipp 7: Führen Sie mit Werten – die idealerweise über eine große Schnittmenge mit den Zielen der einzelnen Mitarbeitenden verfügen.
- Praxistipp 8: Ernstgemeintes Lob, begründende Anerkennung und Vertrauen sind immer noch starke, wenn nicht sogar die stärksten Motivationstreiber.
- Praxistipp 9: Führen Sie stets werteschätzende Gespräche mit Ihren Mitarbeitenden (dazu mehr im nächsten Kapitel).
- Praxistipp 10: Reduzieren Sie die Belastungs- und Stresssituationen für Ihre Mitarbeitenden.

Fazit: Das Wichtigste im Überblick

- Befreien Sie Ihre Mitarbeitenden vom Veränderungsdruck, indem Sie bei Bedarf dem Motto »Goodbye, Veränderung – willkommen, Verbesserung!« folgen.
- Auf der Grundlage bewährter Gewohnheiten, Rituale und Erfahrungen das Neue erschaffen, ohne das Alte zu zerstören – das ist der Kern der Verbesserungsformel.
- Es ist richtig, nichts zu verändern und alles beim Alten zu belassen, wenn es rundläuft.
- Stärken Sie nicht nur die eigene Resilienz, sondern auch die Widerstandskräfte Ihrer Mitarbeitenden.

Was Sie jetzt sofort tun sollten

- Prüfen Sie, ob und inwiefern Sie die Verbesserungsformel generationenübergreifend zur Anwendung bringen können.
- Nutzen Sie die zehn Praxistipps, um die Widerstandskräfte Ihrer Mitarbeitenden zu optimieren.

14 Führen Sie mit Ihren Mitarbeitenden werteschätzende Gespräche

Kapitelcheck

Übersicht zu den wichtigsten Kapitelinhalten

Das wichtigste Führungsinstrument der Führungskraft ist und bleibt die Sprache – das trifft auf die Gespräche mit allen Generationen zu. Sie erhalten einen Überblick über die zentralen Gesprächsmethoden und Tipps, wie Sie in den Gesprächen mit Ihren Mitarbeitenden werteschätzende Impulse setzen.

Ihr Nutzen

Sie sind in der Lage, schwierige kommunikative Situationen konstruktiv zu bewältigen.

Werteschätzendes Führen und Coachen beruht auf Kommunikation

Es gibt einige Dinge, die sich selten oder nie ändern. Dazu gehört die Verantwortung der Führungskraft, die Mitarbeitenden im Gespräch zu überzeugen, an der Erreichung der unternehmerischen Ziele und der Ziele der Abteilung oder des Teams tatkräftig mitzuwirken. Das vornehmste Instrument dabei ist die Sprache, ist die Kommunikation, wozu auch die Körpersprache zählt.

Im Mittelpunkt steht das kommunikative Leitbild der toleranten Kommunikation, die darauf beruht, den Gesprächspartner zu respektieren und zu achten, ihn zu tolerieren und in seiner Einzigartigkeit anzuerkennen und ihn entsprechend zu behandeln – wir sprachen schon davon, insbesondere im elften Kapitel. Wert*e*schätzende Gesprächsführung meint:

Sie treiben das Gespräch mithilfe geeigneter Gesprächs- und Fragearten voran und behalten stets die Bedürfnisse der Mitarbeitenden im Blick.

Menschliche Kompetenz im Vordergrund

Ihre sozialen und emotionalen Fähigkeiten sind wichtiger als die Beherrschung von Methoden und Techniken. Gesunder Menschenverstand, Fairness, Ehrlichkeit, Akzeptanz und Toleranz und die Bereitschaft und Kompetenz, den Mitarbeitenden verstehend und empathisch zuzuhören und ihnen mitarbeiterorientierte Fragen zu stellen – das sind die Schlüsselkompetenzen einer wert*e*schätzenden Führungskraft, die allen Generationen gerecht werden möchte.

Aber Achtung: Schwierig gestaltet sich Mitarbeiterführung dann, wenn zwischen gefordertem und gelebtem Führungsverhalten eine größere Lücke klafft. Wenn Sie auf geduldigem Papier dem partnerschaftlichen Führungsstil das Wort reden, in der gelebten Führungsrealität jedoch die Mitarbeitenden lediglich als Mittel zum Zweck einsetzen, verlieren Sie an Glaubwürdigkeit. Die Mitarbeitenden nehmen Sie nicht (mehr) ernst. Gerade deswegen ist der Zusammenhang zwischen Sprache und Körpersprache, zwischen dem geäußerten Wort und den nonverbalen Signalen, die Sie über Mimik und Gestik aussenden, so bedeutsam.

Achten Sie auf die Körpersprache

Die meisten Führungskräfte verlassen sich im Gespräch auf ihre verbalen Fertigkeiten. Wenn sich verbale und nonverbale Signale jedoch widersprechen, sind Missverständnisse vorprogrammiert.

Deswegen gehört es zu Ihrer Gesprächskompetenz, die körpersprachlichen Signale der Mitarbeitenden richtig zu entschlüsseln und mithilfe der eigenen Körpersprache Gespräche zu lenken. Wenn Sie beispielsweise im problematischen Kritik-, Motivations- oder Konfliktlösungsgespräch Ihre Ziele erreichen wollen, sollten Sie die grundlegenden Prinzipien der nonverbalen Kommunikation beherrschen, die in der folgenden Checkliste zusammengefasst sind.

Checkliste zur Beachtung und Interpretation der Körpersprache

- Prinzip 1: Achten Sie auf Widersprüche zwischen körpersprachlichen Signalen. Wenn das verbale Verhalten mit dem nonverbalen übereinstimmt, wird der Gesprächspartner meistens auch denken, was er sagt. Bei Abweichungen sollten Sie das nonverbale Verhalten als aussagekräftiger bewerten. Wir können unsere Körpersprache nur eingeschränkt aktiv lenken, auf die Gestaltung des gesprochenen Wortes haben wir größeren bewussten Einfluss.
- Prinzip 2: Wichtig – interpretieren Sie nonverbale Signale nie einzeln, sondern immer im Verbund mit weiteren körpersprachlichen und verbalen Äußerungen.
- Prinzip 3: Berücksichtigen Sie die Kommunikationssituation: Ist der Gesprächspartner vielleicht aufgeregt oder nervös, wodurch seine Körpersprache beeinflusst wird?
- Prinzip 4: Achten Sie auf die Mimik, die Gestik und die Körperhaltung. Das Gesicht ist das ausdrucksstärkste Instrument der Körpersprache, mit ihm spiegelt der Gesprächspartner seine Empfindungen wider. Wir können zwar unsere Gesichtsmuskeln beherrschen – bei den Augen ist dies kaum möglich: Diese sagen, was ein Mensch wirklich will. Achten Sie darum auf die Augen: Weicht er aus? Dann könnte dies

Verlegenheit, mangelndes Selbstbewusstsein oder Desinteresse bedeuten. Schaut er Ihnen gerade in die Augen, lässt dies auf Ehrlichkeit und Interesse schließen.

- Prinzip 5: Eine ausgeprägte Gestik spricht für eine hohe Eigenmotivation. Ein Mitarbeiter, der beredt von seinen Zielen berichtet und dies durch eine ausladende Gestik untermauert, freut sich darauf, sie umzusetzen. Achtung: Gesichtsberührungen wie Wangenreiben, Kinnstreicheln oder Mundverdecken weisen auf eine starke innere Spannung hin - eventuell unternimmt der Gesprächspartner einen Täuschungsversuch.
- Prinzip 6: Streben Sie die Übereinstimmung zwischen Ihren verbalen und nonverbalen Signalen an - dann wirken Sie authentisch. Die Übereinstimmung gelingt, wenn Ihre Einstellung gegenüber dem Gesprächspartner und Ihre Redeinhalte stimmig sind.
- Prinzip 7: Nutzen Sie Körperhaltung, Gestik, Gesichtsausdruck, Sprechtempo und -modulation, um den Gesprächsverlauf zu steuern. Durch eine offensiv eingesetzte Körpersprache geben Sie zu verstehen: »Ich bin offen für das Gespräch, ich möchte mich auf Sie einlassen und Ihnen mit Sympathie begegnen.« Mit Signalen wie Kopfnicken zeigen Sie dem Gesprächspartner, was Sie von seinen Worten halten (Ablehnung, Skepsis, Zustimmung, Begeisterung). Mit einem Kopfnicken oder Kopfschütteln drücken Sie Zustimmung oder Ablehnung aus. Halten Sie stets Blickkontakt.

Schwierige Gesprächssituationen werteschätzend führen

Lassen Sie uns nun einige Gesprächssituationen betrachten und die jeweils zentralen werteschätzenden Aspekte thematisieren. Über das Zielvereinbarungsgespräch haben wir bereits gesprochen: Ein werteschätzendes Zielvereinbarungsgespräch zeichnet sich dadurch aus, dass Sie mit Vereinbarungen führen, die

Zustimmung des Mitarbeiters einholen und sein Ja-Wort erhalten. Wie sieht es mit dem Kritikgespräch aus?

Kritisieren Sie konstruktiv

Um die soziale Kompetenz deutscher Führungskräfte scheint es eher schlecht bestellt zu sein. Es ist unangemessen vorgetragene Kritik, die häufig zur Demotivation beiträgt. Führungskräfte bringen Kritik zumeist »verdeckt« vor, sie kritisieren unsachlich und stellen persönliche Angriffe in den Mittelpunkt. Zudem geben sie den Mitarbeitenden keine Gelegenheit, sich zu der Kritik zu äußern. Was also tun?

Kritik kann konstruktiv wirken, wenn Sie das Kritikgespräch als Chance begreifen, gemeinsam mit den Mitarbeitenden auf die Suche nach einer Problemlösung zu gehen. Was sich nach der Quadratur des Kreises anhört, ist mithilfe der Grundsätze der produktiven Kritik realisierbar.[1] Dazu machen Sie sich vor dem Kritikgespräch Ihre Gesprächsabsichten klar. Das Gespräch findet unter vier Augen und in einer störungsfreien Atmosphäre statt. Tragen Sie Ihre Kritik sachbezogen vor und beziehen Sie sich stets auf einen konkreten Anlass. Angriffe auf die Person und dunkle Andeutungen vermeiden Sie am besten.

Problemlösungsorientiert gehen Sie vor, indem Sie mit Fragen kritisieren. So nehmen Sie Ihren kritischen Worten die Schärfe und beziehen den Mitarbeiter ein.

»Sie sind unpünktlich« – das ist falsch. Richtig ist: »Was können wir tun, damit Sie in Zukunft pünktlich sind?« Der Mitarbeiter merkt: »Der Chef zweifelt nicht an mir als Person, er will mir in der Sache helfen.« Bitten Sie ihn, die Angelegenheit aus seiner

Perspektive zu schildern. Hören Sie aktiv zu, fragen Sie nach und resümieren Sie das Gesagte, um Missverständnisse auszuschließen. Ihr Ziel ist eine Vereinbarung, mit der sich der Mitarbeiter – wie im Zielvereinbarungsgespräch! – einverstanden erklärt und durch die das kritisierte Verhalten unwahrscheinlicher wird. Orientieren Sie sich an den werteschätzenden Hinweisen, die Sie in der folgenden Checkliste finden.

Checkliste: Werteschätzend kritisieren

1. Situation und Mentalität des Mitarbeiters beachten
2. Kritikgespräch vorbereiten: Gesprächsziele benennen, Strategie entwickeln, Termin und störungsfreien Ort festlegen
3. Gespräch positiv und mit Lob eröffnen
4. Kritikanlass als Ich-Botschaft formulieren – möglichst viele Ich-Botschaften verwenden und Sie-Botschaften vermeiden (diese wirken aggressiv und als Angriffe)
5. Sachlich bleiben und mit dem Mitarbeiter den Gründen für das kritisierte Verhalten auf die Spur kommen
6. Kritik in Form von Fragen vorbringen und so Dialog aufbauen
7. Zukunftsfähige Problemlösung finden und vereinbaren, Zielvereinbarung formulieren und im Konsens verabschieden

Lösen Sie Konflikte werteschätzend

Konflikte dürfen nicht unter den Teppich gekehrt werden – dort entwickeln sie sich zu unheilvollen Schwelbränden. Es gibt verschiedene Arten, mit Konflikten produktiv umzugehen. Da ist zum einen der Konsensvermittler: Er will stets ausgleichend wirken und bei Konflikten alle Interessen, Perspektiven und Meinungen unter einen Hut bringen. Dabei legt er Wert darauf, Konflikte nicht zu verwässern und Konfliktlösungen nicht in der »Harmonie-Soße« zu ertränken. Darum prüft er, wie er die verschiedenen Interessenslagen auf eine konstruktiv-produktive Weise berücksichtigen kann.

Für den Dissensaushalter hingegen ist nichts schlimmer als eine überzuckerte Friede-Freude-Eierkuchen-Mentalität und eine trügerische Friedhofsruhe. Streitigkeiten will er mit offenem Visier austragen. Dabei berücksichtigt er die Inhalts- und die Beziehungsebene, schießt aber manchmal über das Ziel hinaus, weil er vor lauter produktiver Streitkultur den naheliegenden Konsens übersieht. Letztendlich ist aber auch sein Ziel, die Konfrontation in eine Versöhnung zu überführen.

Die gute Nachricht: Es gibt eine Vorgehensweise, die die Vorzüge beider Konfliktlösungstypen miteinander verknüpft:

- *Prinzip 1: Klar in der Sache und souverän zum Mitarbeiter.* Während in der Sach-Auseinandersetzung ab und an der Dissens ausgehalten werden muss, kann beim Konflikt mit den Mitarbeitenden ruhig der Konsens und die Win-win-Lösung favorisiert werden.
- *Prinzip 2: Den Konflikt wahrnehmen – und ihn dann analysieren.* Sensibilisieren Sie sich für die frühzeitige Wahrnehmung von Konflikten, achten Sie auf die Warnsignale, die auf die Entstehung hinweisen. Danach steht die Konfliktdiagnose an:
  - Wer ist an dem Konflikt beteiligt?
  - Um welchen Konflikttyp handelt es sich? Zwischenmenschliche Beziehungskonflikte stellen am Arbeitsplatz das größte Konfliktpotenzial dar. Danach folgen die Kompetenzkonflikte.
  - Wie weit ist der Konflikt vorangeschritten?
  - Welche Lösungsmöglichkeiten gibt es, welche ist die beste?
  - Welche Maßnahmen führen zur Konfliktlösung?

- *Prinzip 3: Meinungen und Interessen unterscheiden.* Entdecken Sie die Interessen hinter den Meinungen, die die Konfliktparteien äußern. So kommen Sie dem eigentlichen Konfliktherd auf die Schliche.
- *Prinzip 4: Legen Sie den Fokus auf die Umsetzung der Maßnahmen, die zur einvernehmlichen Konfliktlösung führen.* Erarbeiten Sie den Konsens zum Beispiel am »runden Tisch«: Dort legen alle Konfliktbeteiligten ihre Sichtweise dar. Sie suchen nach Lösungsvorschlägen, beurteilen sie und wählen eine Alternative als optimale Lösung aus.

Statement von Karsten Dreger, Dion Betriebs- u. Management GmbH, Jahrgang 1967. Karsten Dreger gehört also der Generation X an.

»Als Führungskraft bin ich oft auch Bestandteil des Konflikts. Ob ich nun selbst an der Konfliktentstehung beteiligt bin oder nur an der Lösung: Mein Führungsstil und meine Führungskompetenz haben wesentlichen Einfluss auf das Konfliktlösungsverhalten der Mitarbeitenden – ganz gleich, welcher Generation sie angehören.«

Nutzen Sie im Motivationsgespräch den Schmerz- und Freudehebel

Es gibt zwei Hebel, an denen Motivation ansetzen kann: den Schmerzhebel und den Freudehebel (im fünften Kapitel bin ich kurz darauf eingegangen). Wir können Menschen motivieren, indem wir ihnen vor Augen führen, welche unerwünschten Konsequenzen ihr Verhalten hat: »Wenn Sie nicht genügend Umsatz machen, sinkt die Provision. Also strengen Sie sich gefälligst an!« Grundgedanke ist, dass wir, um den Schmerz des finanziellen Verlustes zu vermeiden, bestimmte Verhaltensweisen an den Tag legen.

Die zweite Strategie fußt auf dieser Überlegung: Menschen lassen sich motivieren, indem wir ihnen ein Ziel veranschaulichen, das sie durch ihr Verhalten erreichen können und das ihnen Freude und ein gutes Gefühl bereitet: »Wenn Sie es schaffen, das Umsatzziel zu erreichen, winkt Ihnen eine kräftige Provision.«

Ihre Aufgabe ist es, beide Aspekte zu beachten und – je nach Bedarf – den Schmerz- und den Freudehebel zu bedienen.

Überlegen Sie, welche Inhalte angesprochen werden sollen und um welchen Motivationstyp es sich bei dem Mitarbeiter handelt. Motiviert ihn die befriedigende Arbeit, die ihm Raum zur freien Entfaltung der eigenen Leistungsmöglichkeiten und Werte bietet? Oder ist es der finanzielle Anreiz, der ihn antreibt?

Achten Sie im Motivationsgespräch auf weitere Aspekte: Vermeiden Sie jede Art der Demotivation. Versetzen Sie sich in die Situation des Mitarbeiters, um sich mit Fragetechnik zu seiner Motivationsbarriere vorzutasten. Vor allem, wenn Anforderungsprofil und Qualifikationsprofil nicht übereinstimmen und der »falsche Mitarbeiter am falschen Platz« arbeitet, droht Demotivation. Ihr Ziel sollte sein, dass Ihre Mitarbeitenden entweder ihren Fähigkeiten entsprechend eingesetzt werden oder die für ihren Tätigkeitsbereich notwendigen Qualifikationen aufbauen.

Geben Sie den Mitarbeitenden motivierende Gründe an die Hand, sich für das Unternehmen einzusetzen. Dies gelingt, indem Sie ein Ziel formulieren, das Sie einem Mitarbeiter bildlich vor Augen stellen – etwa indem Sie die Auswirkungen der Zielerreichung visualisieren: »Stellen Sie sich die Folgen vor, wenn es uns gelingt, die Kunden zufriedenzustellen oder gar zu begeistern!«

Lassen Sie den Mitarbeiter eigene Vorschläge unterbreiten, welche Möglichkeiten er selbst sieht, um einen Beitrag zur Zielerreichung zu leisten. Wenn er das angestrebte Ziel als persönliche Herausforderung begreift, wird er einiges dafür tun, es zu realisieren. Sie wissen ja:

Menschen verfolgen ihre eigenen Ideen und Ziele mit größerem Engagement als die, die ihnen andere vorgeben oder gar aufzwingen.

Checkliste zur Durchführung des Motivationsgesprächs

- Welche Inhalte wollen Sie im Motivationsgespräch ansprechen?
- Um welchen Motivationstyp handelt es sich bei dem Mitarbeiter?
- Liegt Demotivation vor? Wie äußert sie sich, welche Gründe sind entscheidend? Wie können Sie die Ursachen aus der Welt schaffen?
- Stimmen Anforderungs- und Qualifikationsprofil überein?
- Welche Ziele könnten zur Motivation des Mitarbeiters beitragen?
- Wie lassen sich die Ziele des Unternehmens und der Abteilung mit denen des Mitarbeiters in Einklang bringen?
- Welche Vereinbarung wollen Sie am Ende des Gesprächs treffen?

Delegationsgespräch: Übertragen Sie Aufgaben richtig

Werteschätzendes Delegieren heißt, die Mitarbeitenden einerseits in die Verantwortung zu nehmen und ihnen andererseits zu verdeutlichen: »Ich vertraue euch, ich traue euch zu, diese

Aufgaben zu übernehmen und eigenverantwortlich zu bearbeiten.« Übertragen Sie dazu einem Mitarbeiter nicht nur Teilaufgaben, Teilkompetenzen oder eine Teilverantwortung, sondern die komplette Aufgabe, alle erforderlichen Kompetenzen und die Gesamtverantwortung – und zwar möglichst dauerhaft. Und beachten Sie die folgenden Delegationsregeln:

Checkliste für gelungene Delegation

- Delegationsregel 1: Überlegen Sie, welche Ziele Sie verfolgen und welche Aufgaben überhaupt geeignet sind, übertragen zu werden.
- Delegationsregel 2: Überprüfen Sie, welchen Delegations-Reifegrad ein Mitarbeiter hat. Wer also ist inwiefern in der Lage, weitere Aufgaben kompetent zu bearbeiten?
- Delegationsregel 3: Delegieren Sie die komplette Aufgabe, alle erforderlichen Kompetenzen und die Gesamtverantwortung.
- Delegationsregel 4: Führen Sie ein *Delegationsgespräch.* Bringen Sie dabei die W-Aspekte zur Sprache:
  - Was soll der Mitarbeiter warum und wie und womit tun – und bis wann?
  - Welche Kompetenzen übernimmt er, wie ist die Verantwortung geregelt?
  - Welche Ergebnisse sollen erreicht werden, welche Umsetzungsschritte sind geplant und welche Kontrolltermine und Feedbackgespräche vorgesehen?
  - Von wem erhält der Mitarbeiter Unterstützung, welche Hilfsmittel kann er nutzen?
  - Begründen Sie, warum Sie gerade diesen Mitarbeiter für geeignet halten, die Aufgabe zu übernehmen. Das sorgt für zusätzliche Motivation!

Führen Sie Bewertungs- und Unterstützungsgespräche produktiv – auch mit Low Performern

Eine besondere Herausforderung stellen Gespräche mit eher leistungsschwachen Mitarbeitenden dar. Natürlich: Die Trennung von einem Low Performer wäre eine mögliche Konsequenz – vorher aber sollten Sie herausfinden, welche Gründe es für die Leistungsschwäche gibt.

Falls die Leistungsschwäche darauf zurückzuführen ist, dass es dem Mitarbeiter an den notwendigen Kompetenzen mangelt, hilft ein Unterstützungsgespräch weiter, in dem Sie gemeinsam mit ihm nach Weiterbildungsmöglichkeiten suchen.

Welche Vorgehensweise ist wertschätzend? In der Vorbereitungsphase besorgen Sie sich alle notwendigen Informationen über den Mitarbeiter, etwa zu Ausbildung, Qualifikationen, bisherigen Fördermaßnahmen und Leistungen. Das Gespräch eröffnen Sie, indem Sie nicht die Defizite, sondern seine Stärken in den Vordergrund stellen. Leiten Sie dann zum eigentlichen Grund des Gesprächs über: »Ich habe mir überlegt, wie Sie Ihre Fähigkeiten noch mehr verbessern können. Ich möchte mit Ihnen besprechen, welche Maßnahmen wir vereinbaren sollten, um Sie gezielt zu fördern.«

Animieren Sie den Mitarbeiter, auch eigene Überlegungen zu seinen Stärken und Schwächen anzustellen. Dabei helfen Fragen wie: »Was ist Ihnen besonders gut gelungen?« Und: »Was läuft bei Ihnen weniger gut, wo könnten Sie sich vielleicht noch verbessern?«

Danach legen Sie Ihre Sichtweise dar. Verdeutlichen Sie, welche Stärken des Mitarbeiters für das Unternehmen, die Abteilung oder das Team von Bedeutung sind. Ihr Ziel sollte sein, die Selbsteinschätzung des Mitarbeiters und Ihre persönliche Perspektive miteinander abzugleichen und zu einer möglichst großen Übereinstimmung zu gelangen. Ein Beispiel dient der Verdeutlichung.

Leistungsschwächen werteschätzend bearbeiten

Nehmen wir an, Sie führen ein Gespräch mit einer Verkäuferin, die in einigen Bereichen eher leistungsschwach agiert. In dem Gespräch heben Sie zunächst einmal ihre Stärke hervor, mit Kunden sehr freundlich umzugehen. Probleme sehen Sie im Reklamationsmanagement. Hier gibt es offensichtlich Verbesserungsbedarf. Die Mitarbeiterin nennt als eine Hauptschwäche ihr Verhalten am Telefon. Folgender Konsens wäre denkbar:

- »Wir sind zu dem Ergebnis gekommen, dass Ihre Stärken im Vertrauensaufbau liegen. In einem ersten Schritt bauen wir diese Fähigkeit weiter aus.
- Allerdings: Wir dürfen dabei Ihr Reklamationsmanagement nicht vernachlässigen. Lassen Sie uns überlegen, wie wir Sie hier gezielt fördern können, und dabei Ihr Verhalten am Telefon in den Fokus rücken.«

Nun gehen die Verkäuferin und Sie die Weiterbildungsmöglichkeiten Punkt für Punkt durch. Sie einigen sich auf Fördermaßnahmen: Denkbar ist eine Weiterqualifikation zum Thema »Kundengespräch durch Beziehungsmanagement optimieren«. Das Telefonverhalten wird durch ein Coaching verbessert. Ein erfahrener Kollege unterstützt sie beim Reklamationsmanagement.

Nehmen Sie sich Zeit zur Selbstreflexion

Greifen Sie zu Ihrem Reflexions-Notizbuch:

Sie haben elementare werteschätzende Aspekte bei der Durchführung schwieriger Gesprächssituationen kennengelernt. Was bedeutet das zukünftig ...

- für Ihre Kritikgespräche?
- für Ihre Konfliktgespräche?
- für Ihre Motivationsgespräche?
- für Ihre Delegationsgespräche?
- für Ihre Bewertungs- und Unterstützungsgespräche?

Fazit: Das Wichtigste im Überblick

- Ihr kommunikatives Geschick und Ihre werteschätzende Gesprächsführung gehören zu den entscheidenden Führungskompetenzen. So gut wie alle Zugehörigen der verschiedenen Generationen erreichen Sie durch gelungene Kommunikation – gerade und vor allem in schwierigen Gesprächssituationen.
- Die Fähigkeit, den Mitarbeitenden verstehend und empathisch zuzuhören und ihnen mitarbeiterorientierte Fragen zu stellen, ist eine Schlüsselkompetenz der werteschätzenden Führungskraft, um allen Generationen gerecht zu werden.

Was Sie jetzt sofort tun sollten

- Analysieren Sie Ihr bisheriges kommunikatives Verhalten.
- Prüfen Sie, welche der Hinweise zu einer werteschätzenden Gesprächsführung Sie umsetzen wollen und können.

15 Schmieden Sie aus Ihren Mitarbeitenden ein unschlagbares Team

Kapitelcheck

Übersicht zu den wichtigsten Kapitelinhalten

Sie erfahren in diesem Kapitel, wie es Ihnen auch in Zeiten zunehmender Individualisierung gelingt, leistungsfähige Teams zu bilden. Ein elementarer Aspekt dabei ist die Beachtung generationenübergreifender Netzwerke.

Ihr Nutzen

Mithilfe der Impulse nutzen Sie die Stärken der unterschiedlichen Mitarbeitenden, um »TeamIntelligenz« aufzubauen.

Teamarbeit ist möglich – auch in der Ego-Gesellschaft

Moderne Teamarbeit steht vor einer besonderen Herausforderung: Es gilt, aus der Diversität und Vielfalt, aus der Verschieden- und Andersartigkeit der Mitarbeitenden ein Team zu schmieden, dessen Mitglieder sich in ihren Kompetenzen, Charaktereigenschaften und Persönlichkeiten ergänzen. Klar ist: An dieser Stelle helfen Ihnen die persönlichkeitsdiagnostischen Erkenntnisse weiter, mit denen Sie die Persönlichkeit Ihrer Mitarbeitenden und die eigene Persönlichkeit einzuschätzen gelernt haben.[1] Entscheidend ist, dass aus der Ergänzung der Kompetenzen, Charaktereigenschaften und Persönlichkeiten ein Mehrwert resultiert, der das Team zu Höchst- und Topleistungen befähigt. Bernd-Wolfgang Lubbers drückt das so aus: »Ein intelligentes Team ist mehr als die Summe seiner Kompetenzen.« Er spricht von »TeamIntelligenz«.[2] Die Psychologin Anita W. Woolley konnte zeigen – so Sascha Reimann in einem Artikel der Zeitschrift managerSeminare –, dass die Teamperformance vor allem eine Konsequenz der Teamarbeit ist: »Teams werden erst auf kollektiver Ebene intelligent: Die Teamintelligenz ist weitgehend unabhängig von der Intelligenz der Mitglieder, sie ist eine Funktion des Teams selbst.«[3] Soll heißen:

Es kommt nicht auf die Individuen und deren Einzelleistungen an, sondern erst das Zusammenspiel der Menschen führt zu Topergebnissen.

Ich übersetze das so: Auch ein Team mit eher durchschnittlich leistungsfähigen Mitarbeitenden kann zu klasse Arbeitsergebnissen gelangen. Voraussetzung ist: Es gelingt Ihnen, es gelingt der Führungskraft, aus den Mitarbeitenden ein Team zu schmieden, das von einem gemeinsamen Willen beseelt und von einem Teamspirit motiviert wird, das Beste für das Unternehmen (die Abteilung, das Team) zu leisten.

In meinen Coachings erlebe ich es oft, dass Unternehmer, Entscheider und Führungskräfte an dieser Stelle an Grenzen stoßen. Das hat zwei Gründe:

- Zum einen gehörte die Zusammenstellung eines leistungsfähigen Teams, in dem *alle* Teammitglieder motiviert sind, sich für das große Ganze und die Teaminteressen zu engagieren, schon immer zu den großen Herausforderungen gelungener Führungsarbeit. Denn immer geht es dabei auch darum, eigene Interessen und Einzelinteressen im Sinne des großen Ganzen und der Teaminteressen zurückzustellen. Jeder Teamleiter weiß, wie problematisch das oft ist.

- Zum Zweiten kommt eine Entwicklung hinzu, die nicht nur die Unternehmen plagt, sondern die Gesellschaft insgesamt: die Tendenz zu immer individualistischeren und egoistischeren Haltungen und Verhaltensweisen. Ich weiß nicht, wie es Ihnen geht, aber immer mehr Menschen scheint es immer schwerer zu fallen, über den Tellerrand der eigenen Bedürfnisse und Interessen hinauszuschauen. Wir leben anscheinend in einer Ego-Gesellschaft, deren Zusammenhalt zunehmend zerbröselt. Übrigens: Diese Entwicklung tritt generationenunabhängig auf, lässt sich mithin quer durch alle Generationen beobachten.

Die folgenden Impulse helfen Ihnen, trotz dieser Entwicklung zu TeamIntelligenz (nach Bernd-Wolfgang Lubbers) zu gelangen.

Mit drei Impulsen zur TeamIntelligenz

Die Impulse beschäftigen sich mit der Beantwortung der Frage, wie es Ihnen gelingt, leistungsbereite und leistungsfähige Teams zu entwickeln, die es als ihre Aufgabe ansehen, sich auf die Lösung der Teamaufgaben zu fokussieren.

Nutzen Sie die Tatsache, dass Sie mit unterschiedlichen Generationen zu tun haben, um neue Problemlösungen zu kreieren.

Es gilt, gerade und vor allem aus der auch generationenspezifischen Unterschiedlichkeit der Teammitglieder kreative und innovative Funken zu schlagen. Gleich mein erster Impuls zeigt, was ich damit meine.

Impuls 1: Generationenübergreifende Netzwerke bilden

In den meisten Unternehmen ist es üblich, Netzwerke zwischen den Mitarbeitenden zu bilden. Neue Mitarbeitende zum Beispiel erhalten Unterstützung durch einen Paten oder Mentor, der den Neuen oder die Neue einarbeitet. Anderes Beispiel: Ein Kollege benötigt Hilfe in einem bestimmten Kompetenzbereich – er schafft es nicht, emotionale Kundenbeziehungen aufzubauen. Darum wird ihm eine Kollegin zur Seite gestellt, die ihm zeigt und vorlebt, wie er zu Kunden einen auch emotionalen Zugang findet.

In beiden Beispielen wird die Mentoren-Aufgabe meistens einem älteren und erfahrenen Mitarbeitenden übertragen, der den Neuen/die Neue oder den leistungsschwächeren Kollegen an die Hand nimmt und die Person empathisch auf der fachlichen und der menschlichen Ebene unterstützt. Es handelt sich um klassisches Coaching oder Mentoring.

Mein Impuls nun ist: Nutzen Sie Reverse Coaching und Reverse Mentoring, wenn es um die gegenseitige Unterstützung der Mitarbeitenden geht.

Bei den Konzepten drehen sich die Verhältnisse um: nicht Alt unterstützt Jung, sondern die junge Generation unterstützt die alte.

Die Themen, bei denen Reverse Coaching und Reverse Mentoring möglich und zielführend sind, liegen auf der Hand, etwa bei New Work, digitalen Themen und Social Media. Hier kann und sollte die jüngere Generation ihr Wissen an die ältere Generation weitergeben. Im Extremfall ist sogar denkbar, dass der internetaffine Azubi der älteren Führungskraft, die überall ihre Stärke hat, aber nicht im Onlinebereich, im Umgang mit Social Media unter die Arme greift und dem »alten Chef« zeigt, wie dieser TikTok und Instagram für die Führungsarbeit nutzen kann.

Zudem ist denkbar, dass ein junger Mitarbeiter, der Methoden des agilen Arbeitens aus dem Effeff kennt, eine ältere und erfahrene Kollegin dabei unterstützt, agile Methoden und Techniken des New Work zu erlernen.

Reverse Coaching und Reverse Mentoring nutzen die Tatsache, dass es durchaus Themen und Bereiche gibt, in denen die Jüngeren einen deutlichen Kompetenz- und Wissensvorsprung gegenüber der älteren Generation haben. »Wenn der Azubi den Chef coacht« – freilich müssen die Alten dabei über ihren Schatten springen und sich vom althergebrachten hierarchischen Denken verabschieden. Und die Jungen müssen den Mut und die Courage aufbringen, dem in der Hierarchie weiter oben angesiedelten Chef zu sagen, »was bei TikTok Sache ist«.

Statement von Dörthe Wittmann, Vibracoustic SE & Co. KG, Jahrgang 1974. Dörthe Wittmann gehört somit der Generation X an.

»Meine Erfahrung ist, dass durch solche generationenübergreifenden und generationenintegrierenden Konzepte der Zusammenhalt zwischen den Teammitgliedern, den Mitarbeitenden und auch zwischen den Führungskräften und den Mitarbeitenden enorm gestärkt wird. Statt die Generationen gegeneinander in Stellung zu bringen oder sie gar gegeneinander auszuspielen, sollten wir die Unterschiede nutzen und die Generationen voneinander lernen lassen.«

Die Folge ist: Der Teamspirit erhält einen Wachstumsschub, weil die Beteiligten hautnah erleben und erfahren, dass es weniger auf die Anzahl der Dienstgrad-Sterne auf der Schulterklappe ankommt, sondern auf die individuellen Fähigkeiten und oft auch auf die Persönlichkeit des einzelnen Menschen. Letztendlich befördert das Vorgehen den Abbau des hierarchischen Denkens, es ermöglicht die Zusammenarbeit zwischen den Generationen und treibt den kooperativ-partnerschaftlichen Gedanken voran – und das sind nicht die schlechtesten Voraussetzungen für gelungene Teamarbeit!

Nehmen Sie sich Zeit zur Selbstreflexion

Greifen Sie zu Ihrem Reflexions-Notizbuch:

- In welchen Bereichen können Sie sich den Einsatz des Reverse Coachings und des Reverse Mentorings vorstellen?
- Wie wollen Sie dabei vorgehen?

Impuls 2: Teamarbeit intelligent vorbereiten

Reverse Coaching und Reverse Mentoring tragen zur Steigerung der Mitarbeiterzufriedenheit bei, weil sich insbesondere die jüngeren Mitarbeitenden durch die Möglichkeit, Wissen einzusetzen und weiterzugeben, wertgeschätzt fühlen. Viele ältere Mitarbeitende erfahren so, dass sie bei all den digitalen Neuerungen, die auf sie einstürzen, mithalten können. Selbstverständlich sollten die jüngeren Mitarbeitenden die Lernprozesse ohne die Attitüde der Überheblichkeit und ohne Besserwisserei anstoßen. Hier liegt ein neues altes Aufgabenfeld der Führungskräfte: Sie sorgen für Lernprozesse bei Jung zu Alt, die ohne zwischenmenschliche Reibungsverluste ablaufen.

Ich spreche von einem »neuen alten« Aufgabenfeld, weil Sie als Führungskraft nach wie vor in der Verantwortung stehen, ein gemeinsames Verständnis zwischen den Teammitgliedern zu entwickeln. Diesbezüglich unterscheiden sich die Führungsaufgaben in modernen Zeiten nicht von denen vergangener Zeiten. Aufgrund der zunehmenden Individualisierung mögen sich die Herausforderungen allerdings vergrößert haben. Und darum ist es besonders nachteilig, wenn Führungskräfte davon ausgehen, die Mitarbeitenden seien von vornherein zur Teamarbeit fähig. Das jedoch ist, befördert durch die erwähnte Individualisierung, selten der Fall.

Was bedeutet das? Es ist erforderlich, dass Sie den Teamarbeit-Reifegrad Ihrer Mitarbeitenden analysieren. Sind die Mitarbeitenden von dieser Form der Zusammenarbeit überzeugt und in der Lage, Aufgaben gemeinsam zu lösen? Oder herrscht das Motto »TEAM – Toll, Ein Anderer Macht's« vor? Wenn der Teamarbeit-Reifegrad der (meisten) Mitarbeitenden niedrig ausgeprägt ist, müssen sie das Teamwork erst einmal erlernen, am besten im Rahmen eines überschaubaren Projekts. Wenn die Teamarbeit zunächst eine weniger komplexe Aufgabe mit einem klaren Ziel umfasst, haben alle Teammitglieder Gelegenheit, sich an die Besonderheiten dieser Arbeitsorganisation zu gewöhnen und sie einzuüben. Das heißt:

Schaffen Sie die entsprechenden organisatorischen Strukturen in Ihrem Verantwortungsbereich und führen Sie die Mitarbeitenden an diese Arbeitsform langsam heran.

Die Entwicklung der notwendigen Teamkompetenzen erfordert den Einsatz von Ressourcen, aber die Investition lohnt sich – spätestens dann, wenn jene TeamIntelligenz entsteht, die auf der kollektiven Ebene Synergieeffekte nach sich zieht, und damit bessere Teamergebnisse.

Nehmen Sie sich Zeit zur Selbstreflexion

Greifen Sie zu Ihrem Reflexions-Notizbuch:

- Welches kleine Projekt hilft Ihnen dabei, die Mitarbeitenden an die Teamarbeit zu gewöhnen?

Impuls 3: Gemeinsames Verständnis entwickeln

Mitentscheidend für den Erfolg im Team und bessere Ergebnisse ist der gemeinsame Glaube der Beteiligten an die Sinnhaftigkeit und Notwendigkeit der Teamarbeit. Alle müssen davon überzeugt sein, dass es besser und effizienter ist, eine Aufgabe im Verbund anzugehen, sich gegenseitig zu unterstützen, wertzuschätzen und zu inspirieren, statt sich in parallelen Einzelmaßnahmen aufzureiben. Es ist Ihre Aufgabe, den Teammitgliedern den Mehrwert und den Nutzen der gemeinsamen Arbeit zu verdeutlichen, die Vorteile der Vielfalt der Charaktere und Persönlichkeiten klarzumachen und den werteschätzenden Umgang miteinander vorzuleben.

Dabei betone ich: Das entscheidende Prinzip bei der Teamzusammenstellung sollte sein, auf sich ergänzende Heterogenität und Vielfalt zu achten.

Bei den Kompetenzen versteht sich das von selbst, aber auch bezüglich der Persönlichkeiten ist es von Bedeutung, dem Grundsatz »Harmonische Diversität« zu folgen.

Es ist zum Beispiel unsinnig, fünf penibel-zurückhaltende Buchhaltertypen, für die Zahlen, Daten und Fakten die Welt bedeuten, in ein Team-Boot zu werfen. Ebenso kontraproduktiv ist eine Teamzusammenstellung, bei der mehrere dominante Machertypen aufeinanderstoßen, die zwar rasch in die Umsetzung gelangen, dabei aber wenig strukturiert und planvoll agieren und jeweils den eigenen Kopf und die eigenen Vorstellungen durchsetzen wollen. Klüger ist es, die folgende Checkliste als Leitorientierung zu nutzen.

Checkliste: in sieben Schritten zur gelungenen Teamarbeit

- Schritt 1: Persönliche Eignung zur Teamarbeit feststellen (Selbstbeurteilung und Fremdbeurteilung)
- Schritt 2: Eignung aller Mitarbeitenden prüfen (Reifegrad), zum Beispiel durch Gespräche, Fragebogen und Beurteilung der bisherigen Erfahrungen mit Teamarbeit
- Schritt 3: Teamzusammenstellung mit dem Grundsatz, dass die Mitarbeitenden aus verschiedenen Bereichen stammen und sich deren Kompetenzen, Charaktere und Persönlichkeiten ergänzen
- Schritt 4: Generationenübergreifende Netzwerke schaffen (vor allem durch Reverse Coaching und Reverse Mentoring)
- Schritt 5: Kick-off-Veranstaltung durchführen
  - Vorteile der Teamarbeit erläutern
  - Kennenlernen ermöglichen
  - Mögliche Konfliktherde ansprechen und ausräumen
  - Teamvision formulieren (Sinnstiftung)
  - Teamgeist und Teamverständnis entwickeln
- Schritt 6: Teamarbeit anhand eines überschaubaren Projekts mit klarer Zielausrichtung durchführen
- Schritt 7: Teamarbeit evaluieren, Verbesserungsmöglichkeiten ausschöpfen, Erfolge herausstellen

Fazit: Das Wichtigste im Überblick

- Es darf nicht vorausgesetzt werden, dass die Mitarbeitenden zur Teamarbeit fähig sind und deren Vorteile ohne Vorbereitung zu nutzen wissen. Besser ist es, die Mitarbeitenden zur Teamarbeit zu befähigen und dabei deren jeweiligen Teamarbeit-Reifegrad zu berücksichtigen.

- Es ist klug, wo immer möglich generationenübergreifende und generationenintegrierende Netzwerke zu bilden und die Entwicklung der »TeamIntelligenz« zu fördern.
- Zentraler Aspekt bei der Teamzusammenstellung ist, dass sich die Kompetenzen und die Persönlichkeiten der Teammitglieder ergänzen.
- Bei Reverse Coaching und Reverse Mentoring drehen sich die Verhältnisse um: Nicht die alte Generation unterstützt die junge, sondern die junge Generation die alte. Dies führt zu einem besseren Zusammenhalt im Team.

Was Sie jetzt sofort tun sollten

- Stellen Sie den Teamarbeits-Reifegrad Ihrer Mitarbeitenden fest.
- Legen Sie eine überschaubare Teamaufgabe fest, damit sich Ihre Mitarbeitenden mit dieser Arbeitsform vertraut machen können.

16 Agieren Sie auch im Recruiting werteschätzend

Kapitelcheck

Übersicht zu den wichtigsten Kapitelinhalten

Bereits im Recruitingprozess sollten Sie eine werteschätzende Einstellung und werteschätzende Verhaltensweisen an den Tag legen. Damit errichten Sie ein solides Fundament für ein emotionales Vertrauensverhältnis zu Ihren Mitarbeitenden.

Ihr Nutzen

Mit einer werteschätzenden Haltung im Recruiting üben Sie eine Sogwirkung auf motivierte Top-Mitarbeitende aus und erhöhen deren Bindung an das Unternehmen.

Werteschätzung durch generationenunabhängiges Recruiting

Es ist noch gar nicht so lange her, da las ich in einer Zeitschrift für Führungskräfte, es gebe fünf Prinzipien für ein »effizientes Gen-Z-Recruiting«, also Grundsätze, wie es gelingt, Arbeitnehmer zu gewinnen, die (ungefähr) 1997 oder später geboren sind. Die Grundsätze lauten: Man solle authentisch kommunizieren und Notlügen vermeiden, sich auf Social Media zurückhalten, Recruiting nicht nur digital betreiben, das Recruiting kreativ gestalten und die Gen Z am Einstellungsprozess beteiligen, die Menschen also einbeziehen.[1]

»Uff«, dachte ich, »und mit den Babyboomern muss nicht authentisch geredet werden? Bei der Generation Golf sind Notlügen erlaubt? Bei einem Millennial der Generation Y ist es unsinnig, den Recruitingprozess kreativ zu gestalten und ihn einzubeziehen?«

Sie ahnen, worauf ich hinauswill: Aus meiner Sicht ist es weniger wichtig, eine generationenspezifische Personalsuche und eine generationenorientierte Personalauswahl zu betreiben. Vielmehr gilt:

Gehen Sie auch im Recruiting generationenunabhängig vor und rücken Sie die Werteschätzung in den Mittelpunkt.

Sie fokussieren sich auf werteschätzende Verhaltensweisen, indem Sie

- sich grundsätzlich in die Welt einer Bewerberin oder eines Bewerbers versetzen,
- stets das Qualifikationsprofil des Bewerbers und das Anforderungsprofil der vakanten Stelle abgleichen,
- immer darauf achten, dass die vorhandenen Kompetenzen, die Persönlichkeit und die Werteausrichtung der Bewerberin zu den erforderlichen Kompetenzen und der Werteausrichtung des Unternehmens passen, es also einen Match gibt, und
- dafür Sorge tragen, dass Bewerberinnen und Bewerber ihre Kompetenzen am Arbeitsplatz entfalten und entwickeln können.

Das Unternehmen als Bewerber

Die Fokussierung auf werteschätzende Verhaltensweisen im Recruiting gewinnt angesichts der Tatsache, dass wir uns zunehmend auf einem Arbeitnehmermarkt bewegen, an Bedeutung. Mittlerweile müssen sich die Unternehmen im Recruitingprozess – ich habe dies im zweiten Kapitel zur »Führung in der Post-Coronawelt« angesprochen – als Bewerber definieren und sehen. Das bedeutet: Im Recruiting geht es nicht mehr primär um die Beantwortung der Frage, was die zukünftigen Mitarbeitenden für das Unternehmen tun können. Die Fragestellung hat sich umgekehrt und lautet jetzt:

Was kann das Unternehmen, was können Unternehmer, Entscheider und Führungskräfte im Recruiting tun, um das Interesse und die Aufmerksamkeit der Bewerber auf das Unternehmen zu lenken? Wie gelingt es ihnen, die potenziellen neuen Mitarbeitenden für das Unternehmen und die vakante Stelle zu begeistern?

Dazu gehört, mit Stellenanzeigen und Stellenbeschreibungen dort präsent zu sein, wo potenzielle Mitarbeitende heutzutage nach Stellen Ausschau halten, nämlich auf Plattformen wie LinkedIn, Xing, TikTok und Facebook. Zudem gibt es Online-Jobbörsen, die es sich auf die Fahnen geschrieben haben, Jobsuchende und Arbeitgeber zusammenzubringen. Dazu erstellen die Jobbörsen zum Beispiel Ergebnislisten mit Firmen, die Personal mit bestimmten Qualifikationen und Kompetenzen in Vollzeit, Teilzeit und für den stundenweisen Einsatz suchen. Beide Seiten werden direkt zusammengeführt, um offene Fragen besprechen oder bereits ein Vorstellungsgespräch vereinbaren zu können. Intelligentes Online-Recruiting soll für ein rasches und zielorientiertes Matching sorgen.

Auch die Online-Jobbörsen haben sich auf den Arbeitnehmermarkt eingestellt. So stellen sie neben den Kompetenzen die möglichen Arbeitszeiten der Jobsuchenden in den Vordergrund. Ziel ist es, die Jobsuche so unkompliziert und einfach wie möglich zu gestalten. Das ist ganz im Sinn der Unternehmen, die Jobs zu vergeben haben.

Mit Employer Branding zur Arbeitgeberattraktivität

Ein zentrales Stichwort dabei lautet »Employer Branding«. Damit sind Konzepte, Strategien und Maßnahmen gemeint, mit denen ein Unternehmen seine Arbeitgeberattraktivität erhöht, und zwar mit dem Ziel, eine Sogwirkung auf potenzielle Bewerberinnen und Bewerber zu erzeugen.

Werfen wir dazu einen Blick in das »Gabler Wirtschaftslexikon«. Dort wird der Begriff so definiert: »Employer Branding kennzeichnet den Aufbau und die Pflege von Unternehmen als Arbeitgebermarke.« Das Ziel sei angesichts »des zunehmenden Personal- und Fachkräftemangels sowie Talentwettbewerbs vieler Branchen und Unternehmen (…) der Aufbau und die Pflege einer Arbeitgebermarke«, um »sich gegenüber Mitarbeitern und möglichen Bewerbern als attraktiver Arbeitgeber zu positionieren, um so einen Beitrag zur Mitarbeitergewinnung und -bindung zu leisten.«[2]

Natürlich sind die entsprechenden Konzepte, Strategien und Maßnahmen sehr verschiedenartig. Sie umfassen oft auch Aktivitäten, mit denen Sie die emotionale Bindung der Mitarbeitenden an das Unternehmen herbeiführen. Hier sind insbesondere drei Konzepte zu nennen:

- Beim werteorientierten Führen finden ethisch-moralische Kriterien Berücksichtigung. Die Mitarbeitenden sollen ihre individuellen Werte in dem Wertekosmos des potenziellen Arbeitgebers gespiegelt sehen.
- Beim typorientierten Führen führt die Führungskraft ihre Mitarbeitenden konsequent persönlichkeitsorientiert und beachtet dabei deren Charakter, Mentalität und Persönlichkeit.
- Mitarbeiterbindungsprogramme verfolgen die Philosophie, durch gezielte Maßnahmen Mitarbeitende dazu zu motivieren, dem Unternehmen treu zu bleiben. Dabei helfen Loyalitätskonzepte, bei denen das Ziel im Fokus steht, dass sich Mitarbeitende auch in Krisenzeiten loyal verhalten und fest an der Seite des Arbeitgebers und des Unternehmens stehen.

Selbstverständlich gibt es weitere Konzepte, die die Arbeitgeberattraktivität steigern und ein Unternehmen interessant für Jobsuchende machen. Dazu zählen gewiss die Arbeitsplatzsicherheit, eine angemessene Bezahlung, die Möglichkeit gezielter Weiterbildung, ein mitarbeiterorientierter Führungsstil sowie die Option des hybriden Arbeitens: Die Mitarbeitenden können, je nach

Wunsch und Präferenz, im Homeoffice arbeiten, im Büro erscheinen oder zwischen den Alternativen wechseln.

Damit schließe ich die Auflistung der Optionen, wie Sie die Arbeitgeberattraktivität erhöhen, ab – nicht ohne die Notwendigkeit des Perspektivenwechsels hervorzuheben:

Die Unternehmen stehen vor der Herausforderung, eine Sogwirkung auf potenzielle Mitarbeitende auszuüben und in der Wahrnehmung der Bewerberinnen und Bewerber als attraktive Arbeitgeber zu erscheinen.

In diesem Zusammenhang gewinnt im Recruiting die Einarbeitungsphase an Bedeutung. Sie sollte gleichfalls werteschätzend ausgestaltet werden.

Onboarding: Von Anfang an mittendrin, statt nur dabei

Für die Einarbeitungsphase hat sich der Begriff »Onboarding« eingebürgert. Das »An-Bord-Nehmen« beschreibt die planvolle und ganzheitliche Integration der (neuen) Mitarbeitenden in die technischen, fachlichen, organisatorischen, wirtschaftlichen, kulturellen und personellen Bereiche eines Unternehmens. Meistens wird der Onboardingprozess in diese Phasen unterteilt:

- Preboarding: Gemeint ist die Phase zwischen Vertragsabschluss und erstem Arbeitstag.
- Orientierungsphase: Es geht vor allem um die Gestaltung des Verhältnisses zu den neuen Mitarbeitenden während des ersten Arbeitstages und der ersten Arbeitswoche, bei der das Kennenlernen der Menschen im Fokus steht, und
- fachliche und soziale Integrationsphase (als eigentliche Onboardingphase).

Wenn es in dem frühen Stadium der Zusammenarbeit zwischen einem neuen Mitarbeiter, der Führungskraft und dem Unternehmen gelingt, mithilfe eines werteschätzenden Onboardingprozesses eine stabile, auch emotional gefärbte Beziehung aufzubauen, wächst die Wahrscheinlichkeit einer hohen Mitarbeiterbindung.

Statement von Jessica Löhr, KRIEGER, Steuerberater und Wirtschaftsprüfer, Jahrgang 1982. Jessica Löhr gehört der Generation Y an.

»Ich habe bei uns in der Firma diese Erfahrung gemacht: Wenn neue Mitarbeitende von Anfang an das berechtigte Gefühl haben, sich mit uns, dem Unternehmen und unseren Zielen identifizieren zu können, bauen sie positive Emotionen auf, zum Beispiel Freude und Stolz. Oft bildet sich dann auch eine intensive Beziehung zwischen den neuen Mitarbeitenden und der jeweiligen Führungskraft aus. Und die Bindung der Mitarbeitenden an uns, an den Arbeitgeber, wächst.«

Entscheidend ist meiner Erfahrung nach die Werteschätzung, die die Mitarbeitenden nicht nur in der Preboardingphase, sondern in der gesamten Einarbeitungs- und Integrationsphase erfahren – auch und vor allem durch die Führungskraft. Ihr Ziel sollte darum sein, bei den Mitarbeitenden dieses Gefühl zu wecken: »Von Anfang an mittendrin, statt nur dabei!« Dies gelingt insbesondere durch diese zehn Maßnahmen:

- *Maßnahme 1:* Beginnen Sie mit der Integrationsarbeit bereits, bevor eine neue Mitarbeiterin – oder ein neuer Mitarbeiter – die Arbeit aufnimmt. Bereiten Sie das Team auf die Begegnung mit der neuen Kollegin vor, indem Sie sie als Bereicherung für das Team vorstellen. Weisen Sie nach, dass und wie die Kollegin aufgrund ihrer Kompetenzen und ihrer Persönlichkeit die Weiterentwicklung des Teams, der Abteilung und des Unternehmens unterstützen wird. So wecken Sie die Neugier auf die Neue und bauen im Team eine positive Erwartungshaltung auf.

- *Maßnahme 2:* Halten Sie vorab den Kontakt zu der neuen Mitarbeiterin, indem Sie sie über außergewöhnliche Aktivitäten informieren, etwa den »Tag der offenen Tür«, der kurz vor ihrem Arbeitsantritt ansteht. Vielleicht hat sie Zeit, vorbeizuschauen. Oder Sie laden sie ausdrücklich dazu ein. Wichtig ist, dass sie Ihre Werteschätzung spürt.
- *Maßnahme 3:* Erstellen Sie einen detaillierten und terminierten Einarbeitungsplan.
- *Maßnahme 4:* Stellen Sie der Neuen einen erfahrenen Mitarbeiter als Paten oder Mentor zur Seite. Dessen Aufgabe ist es, die Novizin in ihren Arbeitsbereich einzuführen, Fragen zu beantworten und ihr bestimmte Rituale des Miteinanderumgehens, die in dem Unternehmen vorherrschen, zu erläutern. Ein weiterer Vorteil ist, dass es der Neuen leichter fällt, informelle Fragen jemandem zu stellen, der sich auf der Hierarchieleiter nicht über ihr befindet: »Wie halten wir es mit der Mittagspause? Welche Eigenheiten hat der Chef?« – solche Fragen stellt sie lieber dem Kollegen als der Führungskraft.
- *Maßnahme 5:* Führen Sie am ersten Arbeitstag ein Orientierungsgespräch mit der neuen Mitarbeiterin, in dem Sie mit ihr die Aufgabenbeschreibung und organisatorische Fragen durchgehen. Eine Checkliste »Der erste Arbeitstag« hilft, dass nichts Wichtiges vergessen wird: die persönliche Begrüßung und Vorstellung der neuen Kollegin durch Sie, das Begrüßungsgeschenk, die Einweisung am Arbeitsplatz, die Vorstellung des Paten und notwendige Einstellungsformalitäten.
- *Maßnahme 6:* Überreichen Sie der Neuen zur ersten Orientierung eine Übersicht zu wichtigen Kunden oder Partnern und mit Hinweisen zu zentralen standardisierten Abteilungsabläufen.

- *Maßnahme 7:* Lassen Sie die Neue die Atmosphäre schnuppern, die in der Abteilung herrscht. Veranstalten Sie ein Vorstellungsmeeting, in dem sich die Mitarbeitenden und die neue Kollegin persönlich kennenlernen können und Gelegenheit haben, sich untereinander auszutauschen.
- *Maßnahme 8:* Ganz wichtig: Gehen Sie, wo immer möglich, in den kommunikativen Austausch. Führen Sie regelmäßige Feedbackgespräche, in denen Sie mit der neuen Mitarbeiterin grundsätzliche Aspekte der Zusammenarbeit diskutieren und klären.
- *Maßnahme 9:* Führen Sie spätestens nach der Hälfte der Einarbeitungszeit ein Beurteilungsgespräch. Stellen Sie diese Fragen in den Mittelpunkt: »Wie lief es bisher? Wie kommen Sie mit Ihrer Tätigkeit und den Kollegen zurecht? Was kann verbessert werden? Was können die Kollegen, was der Pate, was die Führungskraft dazu beitragen?«
- *Maßnahme 10:* Sprechen Sie dabei den aktuellen und den zukünftigen Leistungsstand der Mitarbeiterin an – natürlich wollen neue Mitarbeitende wissen, wo sie stehen. Zum Leistungsstand gehört neben dem Arbeitsverhalten die soziale Kompetenz: der Umgang mit den Kollegen und den Führungskräften zum Beispiel und das Verhalten in Krisen- und Stresssituationen.

Checkliste: Das Motto »Von Anfang an mittendrin, statt nur dabei!« realisieren

Vor dem Arbeitsantritt

- Den neuen Mitarbeiter als Bereicherung für Team, Abteilung und Unternehmen vorstellen – auf der fachlichen und der menschlichen Ebene
- Konkrete Vorteile der Neueinstellung benennen (Nutzen für die Kolleginnen und Kollegen)
- Team um Unterstützung für den neuen Mitarbeiter bitten
- Kontakt zum neuen Mitarbeiter halten
- Einarbeitungsplan erstellen
- Patenschaft organisieren

Der erste Arbeitstag

- Anwesenheitspflicht für die Führungskraft
- Alle Mitarbeitenden im Detail informieren
- Begrüßung und Willkommensgeschenk
- Orientierungsgespräch zwischen Führungskraft und Mitarbeiter
- Vorstellungsmeeting

Die Einarbeitung

- Kontinuierliche Feedbackgespräche führen
- Beurteilungsgespräch führen

Nach dem Beurteilungsgespräch sollte die neue Mitarbeiterin anhand nachvollziehbarer Kriterien ihren Standort in Team, Abteilung und Unternehmen einordnen können. Definieren Sie diese Kriterien vor dem Gespräch und erstellen Sie Ihre Beurteilung auf der Basis dieser Kriterien.

Dabei gilt: Die Beurteilung kann auch die negativen Aspekte umfassen; allerdings sollten Sie zukunftsorientiert vorgehen und vor allem die möglichen Verbesserungsschritte thematisieren.

Nehmen Sie sich Zeit zur Selbstreflexion

Greifen Sie zu Ihrem Reflexions-Notizbuch:

- Welche Möglichkeiten wollen Sie zeitnah nutzen, um Ihr Recruiting werteschätzend auszurichten?
- Welche Umsetzungsschritte sind dazu erforderlich?

Fazit: Das Wichtigste im Überblick

- Die Generationenzugehörigkeit darf im Recruiting keine Rolle spielen.
- Zentral ist, die Wertschätzung der Bewerberinnen und Bewerber in den Mittelpunkt des Recruitingprozesses zu stellen.

- Auf einem Arbeitnehmermarkt ist es erforderlich, dass sich das Unternehmen als Bewerber präsentiert, seine Attraktivität als Arbeitgeber erhöht und so eine Sogwirkung auf Interessenten ausübt.

Was Sie jetzt sofort tun sollten

- Überlegen Sie, wie Sie Ihr Employer Branding voranbringen, um die Aufmerksamkeit potenzieller Mitarbeitender auf sich zu lenken.
- Ergreifen Sie Maßnahmen, um Ihr Onboarding zu optimieren.

Teil 4
Menschen statt Generationen: Der Smiley-Faktor

Im ersten Teil dieses Buches ging es um die Grundlagen des werteschätzenden Coachings. In Teil 2 haben wir uns mit Ihrer persönlichen Weiterentwicklung, Ihrer Selbstführung, Ihrer Persönlichkeitsentfaltung und dem Auf- und Ausbau Ihrer Stärken und Potenziale beschäftigt. Im dritten Teil schließlich standen Ihre Führungsarbeit und Ihre Mitarbeiterführung unter dem Motto »So gehen Sie werteschätzend mit Ihren Mitarbeitenden um« im Fokus.

In vierten Teil verknüpfen wir die verschiedenen Fäden der Teile 1 bis 3 zu einem ganzheitlichen und generationenübergreifenden Führungs- und Coachingkonzept. Dieses Konzept bringe ich auf den Punkt und fasse es in der Führungsformel vom Smiley-Faktor zusammen. Mit dem Smiley-Faktor stellen Sie sicher, dass Ihre Mitarbeitenden – und auch Sie – Spaß bei der Arbeit haben, indem sie ihre Talente entfalten können. Das sind die entscheidenden Faktoren meiner Führungsformel, die Sie auf *alle Mitarbeitenden* anwenden können und sollten. Denn Spaß und Talententwicklung sind generationenübergreifende Aspekte.

Ich jedenfalls bin noch keinem Menschen begegnet, dem bei der Arbeit nicht ein Lächeln ins Gesicht gezaubert wird, wenn er diese zwei Dinge miteinander kombinieren kann: Spaß haben an dem, was er tut, und dabei seine Talente entfalten.

17 Generationenübergreifende Führung – mit dem SPASS-Code und TALENT-Prinzip zum Smiley-Faktor

Kapitelcheck

Übersicht zu den wichtigsten Kapitelinhalten

Sie erfahren, was mit der neuen Führungsformel und dem Smiley-Faktor gemeint ist und welche Inhalte mit dem SPASS-Code und dem TALENT-Prinzip verknüpft sind. Sie lesen, warum der Spaß an und bei der Arbeit die Grundlage eines generationenübergreifenden Mindsets ist.

Ihr Nutzen

Es lohnt sich, wenn Sie sich zum Talent-Scout entwickeln und sich die Potenzialentwicklung Ihrer Mitarbeitenden auf die Fahnen schreiben.

Im Dialog mit Stefan Müller

Erinnern Sie sich noch an Stefan Müller? Jenen Geschäftsführer eines Konzerns in Hamburg, mit dem ich zu Beginn dieses Buches in meinem Coaching- und Businessmobil und während einiger Spaziergänge an den Ufern der Elbe die Grundlagen eines wert*e*schätzenden Coachings und Führens diskutiert habe?

Jetzt – knapp sechs Monate später – treffen wir uns wieder. Ich habe Stefan in der Zwischenzeit die Teile 1 bis 3 meines Buches zu lesen gegeben. Nun möchte ich von ihm ein ausführliches Feedback: Was hält er von der Idee einer wert*e*schätzenden Selbstführung und eines wert*e*schätzenden Mitarbeitercoachings? Welche Ziele lassen sich damit erreichen und welche

Erfolge feiern? Handelt es sich um ein tragfähiges und praxistaugliches Konzept?

Um Ihnen einen authentischen Eindruck meines Gesprächs mit Stefan Müller zu vermitteln, habe ich mich für eine ungewöhnliche Darstellungsweise entschieden und präsentiere Ihnen unsere Unterhaltung als Dialog. Mittlerweile ist ein wahres Vertrauensverhältnis zwischen Stefan Müller und mir entstanden und gewachsen – darum duzen wir uns. Dies ist übrigens bei den meisten meiner Coachees der Fall, mit denen ich in der Regel auch sehr persönliche und private Dinge anspreche. Dies ist nur möglich, wenn wir uns gegenseitig vertrauen.

Der Smiley-Faktor: Spaß haben und Talente ausleben

Stefan und ich sitzen in meinem Coaching- und Businessmobil. Auf dem digitalen Whiteboard ist eine Abbildung mit drei Smileys zu sehen.

Stefan: Ich finde es immer wieder toll, wenn wir unsere Coachinggespräche nicht in der abgestandenen Seminarraumluft durchführen müssen. Beim traditionellen Seminarbesuch droht doch rasch das berühmt-berüchtigte Gedanken-Koma.

Ardeschyr: Ja, dabei wird jeder kreative Gedanke im Keim erstickt. Wie sollen in dieser Atmosphäre die Ideen sprießen? In meinem Coaching- und Businessmobil hingegen lässt sich der erste Lehrsatz der Kreativität gut verwirklichen: »Gute Ideen entstehen, wenn wir das System verlassen.« Wir können jederzeit rausgehen an die frische Luft und dort die Gedanken schweifen und die Seele baumeln lassen: walk to talk. Aber nun zur Sache: Wie haben dir denn die drei Teile meines Buches gefallen?

Stefan: Ich habe bereits einige deiner werteschätzenden Praxistipps beherzigt und umgesetzt. Und was soll ich sagen: Seitdem stelle ich fest, dass meine Mitarbeitenden – und auch ich – immer öfter mit einem Lächeln im Gesicht auf der Arbeit erscheinen. Ich habe vor Kurzem in einem Meeting gesagt: »Wer Spaß hat bei dem, was er tut, muss nie wieder arbeiten!«

Ardeschyr: Eine schöne Umschreibung dessen, was ich den Smiley-Faktor nenne. *(Zeigt auf das Whiteboard mit den drei Smileys.)* Menschen, die Freude haben an dem, was sie tun, sind leistungsbereiter und leistungsfähiger. Der lächelnde Smiley kommt dann wie von selbst!

Stefan: Meine Mitarbeitenden und ich können nun unsere Stärken besser nutzen und unsere Kompetenzen, Begabungen und Talente gezielt einsetzen und entwickeln. Wenn du dann auch noch an der richtigen Aufgabe sitzt und dabei deine Talente nutzen kannst, wird deine Laune automatisch besser. Klar ist doch: Sich bei der Arbeit abquälen ist kontraproduktiv. Und schlechte Laune führt so gut wie immer zu schlechten Arbeitsergebnissen. Konsequente Stärkenfokussierung jedoch zieht Potenzialentwicklung nach sich. Eine meiner Abteilungsleiterinnen meinte jüngst zu mir: »Herr Müller, seit wir uns auf das konzentrieren, was wir wirklich gut können, liefern meine Mitarbeitenden deutlich bessere Arbeitsergebnisse ab.«

Ardeschyr: Das fasst treffend zusammen, worum es beim werteschätzenden Führen und Coachen geht: Mit Spaß und Freude zur Arbeit gehen und seine Talente am Arbeitsplatz entfalten und entwickeln. Darum spreche ich vom SPASS-Code und vom TALENT-Prinzip.

Generationenübergreifendes Mindset erarbeiten

Stefan: Wieso SPASS-Code und TALENT-Prinzip? Was meinst du damit?

Ardeschyr: Es handelt sich in beiden Fällen um Akronyme, also Abkürzungen, die aus den Anfangsbuchstaben mehrerer Wörter bestehen.

Stefan: Wie bei EDV, das für Elektronische Datenverarbeitung steht? Oder bei USA, was United States of America bedeutet?

Ardeschyr: Genau. Hinter den Buchstaben stehen konkrete Inhalte. Fangen wir mit dem SPASS-Code an. Ich habe dazu eine Übersicht vorbereitet. Wirf mal einen Blick auf das Whiteboard.

Der SPASS-Code

S – Spaß fördern: Schaffen Sie eine Arbeitsumgebung, in der Spaß und Freude an der Arbeit gefördert werden. Erkennen Sie die Leistungen Ihrer Mitarbeitenden an und loben Sie die Bereiche, in denen sie mit großem Vergnügen arbeiten. Sorgen Sie für eine Arbeitsumgebung, in der auch Sie selbst gern arbeiten.

P – Potenziale entwickeln: Unterstützen Sie Ihre Mitarbeitenden, ihre Potenziale und Stärken zu entfalten und zu entwickeln. Denken Sie dabei auch an Ihre eigenen Potenziale und Stärken.

A – Akzeptanz der individuellen Persönlichkeit: Akzeptieren Sie die Menschen, wie sie sind. Respektieren Sie sie als Persönlichkeiten mit ihren individuellen Talenten, Stärken und Interessen. Und natürlich: Akzeptieren Sie sich selbst so, wie Sie sind.

S – Supportive Leadership: Damit ist eine unterstützende und dienende Führung (DIEN-Norm) gemeint. Führen Sie Ihr Team mit Unterstützung und Ermutigung. Fördern Sie das Wachstum und die Entwicklung Ihrer Mitarbeitenden – und das eigene Wachstum.

S – Sicherheit, Stabilität und Sinn bieten: Schaffen Sie durch transparente Kommunikation und kontinuierliche Weiterbildung eine sichere, stabile, sinnstiftende und vertrauensvolle Arbeitsumgebung.

Stefan: Ich erkenne in der Übersicht zum SPASS-Code einige der Inhalte wieder, die du in den drei Teilen deines Buches beschreibst.

Ardeschyr: Der SPASS-Code betont, dass Menschen, die Freude an ihrer Tätigkeit haben, ihr volles Potenzial ausschöpfen können. Der Spaß an der Arbeit ist für mich das A und O einer Haltung, die uns voranbringen kann und notwendig ist, um die gegenwärtigen Herausforderungen bewältigen und Zukunft gestalten zu können.

Stefan: Manchmal stört mich schon der Unterschied, der zwischen »dem Leben« auf der einen Seite und »der Arbeit« auf der anderen Seite gemacht wird. Leben und Arbeit – das sind für mich die zwei Seiten einer Medaille.

Ardeschyr: Ich glaube, dass der Spaß an der Arbeit der gemeinsame Nenner ist, der ALLE Generationen eint und verbindet. Ob Babyboomer, Generation X, Y oder Z: Wir alle wollen doch Freude empfinden bei dem, was wir tun. Sicherlich gibt es verschiedene Definitionen darüber, was die Arbeit angenehm macht. Aber dass uns das allen – oder zumindest den meisten von uns – wichtig ist, liegt doch auf der Hand.

Stefan: Wenn ich es recht überlege, könnte der Spaß bei der Arbeit tatsächlich die Grundlage eines generationenübergreifenden Mindsets sein.

Ardeschyr: Höre mal bitte, was einer meiner Trainerkollegen dazu gesagt hat:

Statement von Werner Wischnewski, Werner Wischnewski Coaching, Jahrgang 1970. Werner Wischnewski gehört der Generation X an.

»Was wir brauchen, ist ein generationenübergreifendes und generationenintegrierendes Mindset. Eine Haltung, die darauf abzielt, dass alle Menschen, alle Mitarbeitenden, alle Generationen schlicht und einfach besser werden wollen. Dabei besteht das Ziel der Generationen nicht darin, besser zu sein als alle anderen. Es geht darum, besser zu sein als früher, besser zu sein als letztes Jahr, besser zu sein als gestern.«

Führungskräfte und Entscheider als Talent-Scouts

Ardeschyr: Dabei kommt den Führungskräften und Entscheidern eine besondere Verantwortung zu. Ich bin ja der Meinung, dass sich verantwortungsvolle Führungskräfte und Entscheider zu Talent-Scouts entwickeln sollten. Dies ist allein schon durch die neue Macht der Mitarbeitenden, die sich auf einem Arbeitnehmermarkt unter mehreren Alternativen ihren Traum- und Wunschjob aussuchen, dringend erforderlich.

Stefan: Die Aufgabe der Talent-Scouts liegt in der Potenzialentfaltung und Kompetenzentwicklung der Mitarbeitenden. Ich vermute, dein TALENT-Prinzip hat etwas damit zu tun. Handelt es sich wieder um ein Akronym?

Ardeschyr: Auch dazu habe ich eine Übersicht vorbereitet.

Das TALENT-Prinzip

T – Talente entdecken: Beobachten Sie Ihre Mitarbeitenden genau und achten Sie darauf, bei welchen Aufgaben sie mit Freude und Engagement arbeiten.

A – Anerkennung zeigen: Loben Sie die individuellen Stärken und Erfolge Ihrer Mitarbeitenden. Anerkennung steigert die Motivation und das Engagement.

L – Lernen fördern: Bieten Sie Möglichkeiten zur Weiterbildung und Weiterentwicklung an. Ermutigen Sie Ihre Mitarbeitenden, ihre Fähigkeiten kontinuierlich weiterzuentwickeln.

E – Einsatzmöglichkeiten schaffen: Setzen Sie die Talente Ihrer Mitarbeitenden in passenden Projekten und Aufgaben ein. Geben Sie ihnen Gelegenheit, sich zu beweisen.

N – Netzwerke nutzen: Fördern Sie den offenen Austausch und die Zusammenarbeit innerhalb der Mitarbeiterschaft und der Teams. Netzwerke helfen, Talente zu entfalten und neue Ideen zu entwickeln.

T – Teamgeist stärken: Bauen Sie eine positive und unterstützende Teamkultur auf, in der Spaß und Freude an der Arbeit im Vordergrund stehen.

Stefan: Der letzte Punkt zeigt, dass die beiden Codes natürlich zusammenhängen.

Ardeschyr: Das ist richtig. Aus der Sicht der Mitarbeitenden bedeutet das: »Wer Spaß hat bei dem, was er am Arbeitsplatz tut, lebt seine Talente. Und wer seine Talente nutzen kann, hat Spaß.«

Stefan: Und aus der Sicht der Führungskräfte und Entscheider?

Ardeschyr: Das will ich so formulieren: »Ich will zum Talent-Scout meiner Mitarbeitenden werden. Ich möchte ihre Talente entdecken und entwickeln und sie dabei unterstützen, Topleistungen zu erbringen.«

Stefan: Ich würde den Zusammenhang zwischen den Codes gern so ausdrücken wollen, Ardeschyr: »Ein erfolgreicher Talent-Scout fördert als Führungskraft den Spaß (*S*) bei der Arbeit, entwickelt die Potenziale (*P*) der Mitarbeitenden, akzeptiert (*A*) die Unterschiedlichkeit der verschiedenen Persönlichkeiten und deren individuelle Stärken, unterstützt (oder supportet – *S*) durch Führung und Weiterbildung und schafft Sicherheit sowie Stabilität (*S*) durch transparente Kommunikation.

Ardeschyr: Das passt gut, Stefan. Ich denke, wir liegen auf einer Wellenlänge.

Stefan: Ein erfolgreicher Talent-Scout konzentriert sich auf die positiven Interaktionen und erkennt die Stärken und Talente (*T*) seiner Mitarbeitenden, zeigt regelmäßig Anerkennung (*A*), fördert das kontinuierliche Lernen (*L*), schafft passende Einsatzmöglichkeiten (*E*), nutzt den offenen Austausch und Netzwerke (*N*) zur Förderung der Zusammenarbeit und stärkt den Teamgeist (*T*).

Ardeschyr: Dazu passt, was Frank Steffel einmal zu mir gesagt hat:

Statement von Frank Steffel, Steffel Management & Beteiligungen GmbH, Sportverein Füchse Berlin, Jahrgang 1966. Frank Steffel gehört der Generation X an.

»Wenn Führungskräfte und Entscheider den SPASS-Code und das TALENT-Prinzip beachten und umsetzen, ist das Lächeln im Gesicht der Mitarbeitenden unumgänglich.«

Ardeschyr: Der Smiley-Faktor lebt, wenn es gelingt, Machen und Lachen miteinander zu verbinden. Der Smiley-Faktor stellt sicher, dass sowohl Führungskräfte als auch Mitarbeitende Spaß bei der Arbeit haben und ihre Talente entfalten. Dann sind sie auch bereit, ihr volles Potenzial auszuschöpfen. Lass es mich so zusammenfassen:

Die Grundlage für eine generationenübergreifende Führungsformel sind der SPASS-Code und das TALENT-Prinzip.

Sich dem Idealzustand annähern

Stefan: Aber natürlich wird es in der Praxis immer Stolpersteine und Hindernisse geben, die die 1:1-Umsetzung des SPASS-Codes und des TALENT-Prinzips erschweren. Darüber müssen wir uns im Klaren sein.

Ardeschyr: Selbstverständlich. Wie jedes Führungs- und Coachingkonzept fördern der Smiley-Faktor, der SPASS-Code und das TALENT-Prinzip die Annäherung an einen Idealzustand, der sich wahrscheinlich niemals zu 100 Prozent erreichen lässt. Denn ansonsten würden paradiesische Führungszustände in den Unternehmen herrschen. Das heißt aber auch, dass wir immer wieder aufs Neue versuchen sollten, ja, müssen, diesem Idealzustand ein Stückchen näherzukommen.

Stefan: Vielleicht hilft uns ein Spaziergang an der Elbe, uns diesem Ziel und Idealzustand auch heute ein weiteres Stück anzunähern. Wie gesagt, ich habe bereits einige deiner Tipps umgesetzt. Der nächste Umsetzungsschritt besteht nun darin, auch deine generationenübergreifende Führungsformel in unserem Unternehmen umzusetzen und den SPASS-Code und das TALENT-Prinzip mit Leben zu füllen.

Ardeschyr: In die Umsetzung und ins Handeln kommen – das ist immer am wichtigsten. Vielen Dank für das Gespräch, Stefan.

Nachdenken und ins Handeln kommen

Liebe Leserinnen und Leser, wer meine früheren Bücher kennt, weiß, dass ich mich in einschneidenden Lebenssituationen, wenn es »ans Eingemachte geht«, gern mit dem Gedicht »Sieg« des Völkerkundlers, Journalisten, Fotografen und Schriftstellers Herbert Kaufmann beschäftige. Herbert Kaufmann hat von 1920 bis 1976 gelebt und gewirkt. Aus rechtlichen Gründen darf das Gedicht[1] hier nicht vollständig abgedruckt werden – darum nur so viel: Herbert Kaufmanns Gedicht macht – in meiner Interpretation – Mut, große Dinge zu wagen, sein Schicksal in die eigenen Hände zu nehmen und Veränderungen mit Courage anzugehen. Kleinmut, Verzagtheit und Ängstlichkeit sind fehl am Platze.

Mir gefällt, dass das Gedicht mir jedes Mal etwas Neues zu sagen hat. Es ist, als ob es meinen jeweiligen Zustand spiegelt. Es spricht zu und mit mir, ich trete vor das Gedicht, erzähle ihm, was ich vorhabe. Und ich erhalte Antworten: Wir sollen mit Zuversicht und Optimismus ins Handeln kommen, um die Dinge in unserem Sinn umzuwandeln, zu transformieren, zu verändern und anzupassen.

Herbert Kaufmanns Worte motivieren mich, über mein Leben und mich nachzudenken: Was erwartet mich in meinem weiteren Leben? Welchen Erlebnissen und Erfahrungen werde ich begegnen? Welche Schicksale winken mir? Welche Einstellungen und Überzeugungen werden mein zukünftiges Leben prägen?

Ob es in meinem Leben zu den gewünschten Veränderungen kommt, liegt vor allem an mir selbst. Ich will mich nicht nur mit meinen Überzeugungen beschäftigen, sondern auch mit meinen Gefühlen und Beziehungen. Dann reifen die Früchte, es kommt zu Entwicklungen, die mich voranbringen. In meiner jetzigen Lebenssituation war und ist das die intensive Beschäftigung mit den Themen dieses Buches, mit denen ich mich monatelang, ja, jahrelang auseinandergesetzt habe: Was ist die neue Kunst des Führens? Wie gelingt es, als Führungskraft *alle* Mitarbeitenden wertschätzend zu führen und zu coachen? Meine grundsätzliche Antwort lautet: Egal, wer vor mir steht, egal, mit wem ich zu tun habe: Es geht immer einzig und allein um den konkreten Menschen. Es geht immer einzig und allein um den einzelnen Menschen. Um Menschen – nicht um Generationen.

Aber alles Nachdenken über die mir wichtigen Themen ergibt nur einen Sinn, wenn dann auch das Tun, das Machen, das Handeln und die Umsetzung folgen. Nicht umsonst gelte ich als gelernter Zimmerer als der handlungsorientierte Handwerker unter den Speakern und Coaches. Bei mir steht immer die praktische Umsetzung der Inhalte im Mittelpunkt. In dem Gedicht heißt es zum Schluss: »Statt endlich, endlich doch zu handeln / Und alles in dir umzuwandeln.«

Ich muss und will ins Handeln kommen und einen konstruktiven und positiven Einfluss nehmen: auf mich und mein Umfeld, auf die Menschen, mit denen ich zusammenarbeite und mit denen ich zu tun habe.

Und so ist dieses Buch entstanden.

Fazit: Das Wichtigste im Überblick

- Die neue generationenübergreifende Führungsformel setzt sich aus dem SPASS-Code und dem TALENT-Prinzip zusammen.
- Als Ergebnis winkt der Smiley-Faktor.
- Die Kunst des Führens besteht darin, immer den einzelnen Menschen zu sehen, zu führen und zu coachen.

Was Sie jetzt sofort tun sollten

- Machen Sie, was Sie lieben, und lieben Sie, was Sie machen.
- Gestalten Sie Ihr (Arbeits-)Leben und das Ihrer Mitarbeitenden so, dass Sie alle keinen Urlaub mehr brauchen.

Der Autor

Ardeschyr Hagmaier ist als gelernter Zimmerer der Handwerker unter den Speakern und Coaches. Bei seinen Vorträgen, Trainings und Coachings steht die praktische Umsetzung der Inhalte im Mittelpunkt.

Geboren 1969 in Heidelberg, lebt der Vater von zwei Kindern heute in Hamburg und reist mit seinem Wohnmobil durch ganz Deutschland, Österreich und die Schweiz zu Kunden.

Nach seiner Zeit als Zimmerer sammelte er als Versicherungsfachmann in der Rolle des Verkäufers und als Führungskraft wichtige Erfahrungen, die er seit über 30 Jahren als erfolgreicher Unternehmer umsetzt und vermittelt.

Parallel zu seiner Tätigkeit in der Versicherungsbranche hat er über sieben Jahre als Fitnesstrainer in einem der größten Fitnessunternehmen Deutschlands Menschen zu körperlicher Spitzenleistung motiviert und dabei die Grundlagen für seine heutige Tätigkeit als Coach und Speaker gelegt. Zahlreiche Vorträge, Bücher und Fachartikel unterstreichen seine herausragende Arbeit.

Der Bestseller-Autor hat über 15 Bücher veröffentlicht. Zuletzt ist sein Buch »Bessermacher-Journal. Der 52-Wochen-Begleiter für Deine Bestleistung« im GABAL Verlag erschienen. Der mehrfach ausgezeichnete Persönlichkeitscoach bringt die Dinge auf den Punkt, so die Presse. Hierbei lebt er seinen eigenen Slogan: »Wer Spaß hat bei dem, was er tut, muss nie wieder arbeiten!« Seine Trainingsmethoden begeistern die Teilnehmenden und regen sie an, das neue Knowhow direkt im Alltag umzusetzen. Seine Themenschwerpunkte machen ihn für viele Menschen und Firmen zu einem wichtigen Sparringspartner.

Nach einer Auszeit während der Coronapandemie widmet er sich wieder seinem Lebensziel, Menschen bei ihrer persönlichen Weiterentwicklung zu unterstützen.

Kontakt: Ardeschyr Hagmaier. Hamburg. Tel.: +49 / 170 / 80 260 20, E-Mail: ardeschyr@gmx.de, www.ardeschyr-hagmaier.de

@ARDESCHYR

Anmerkungen

Kapitel 1

1. Quellen der folgenden Ausführungen: https://blog.hubspot.de/marketing/generation-x-y-z und https://unicum-media.com/marketing-wiki/generation-x-y-z/?portfolioCats=88%252C84%252C85%252C82%252C8.
2. Siehe https://t3n.de/news/studie-millenials-wichtiger-als-spass-bei-der-arbeit-1633347/?filtered=1.
3. Siehe dazu https://www.sinus-institut.de/media-center/studien/wie-ticken-jugendliche-2020.
4. Siehe zum Beispiel https://blog.hubspot.de/marketing/generation-x-y-z.

Kapitel 2

1. Siehe dazu den Bericht zum Engagement Index Deutschland 2023 unter www.gallup.com/de (Zitat auf S. 3). Der Bericht kann dort heruntergeladen werden.
2. Artikel »Hetze statt Work-Life-Balance« von Tobias Blasius in der Rhein-Sieg-Rundschau vom 26 Juni 2024, S. 8.
3. Josef Schmidt: Wirtschaftsethik. Die Lehre vom sinnvollen Miteinander und der Verantwortlichkeit. Ethik als Erfolgsfaktor. Verlag Sicher Wissen, Bayreuth 2017.

Kapitel 4

1. Friedrich Schiller: Gedichte. Tabulae Votivae. In: Musenalmanach für das Jahr 1797.
2. Bronnie Ware: The Top Five Regrets of the Dying. Verlag Hay House, Australia 2012. Deutsch: 5 Dinge, die Sterbende am meisten bereuen. Einsichten, die Ihr Leben verändern werden. Goldmann, München, 14. Auflage 2015.
3. Siehe https://ingridhaeuser.de/eigene-grabrede-schreiben/.

Kapitel 5

1. Anke Nienkerke-Springer: Personal Branding durch Fokussierung. In 10 Schritten zur einzigartigen Persönlichkeit. GABAL Verlag, Offenbach 2018. S. 79.
2. Ebd., S. 83, 86.

Kapitel 7

1. Ryan M. Niemiec: Charakterstärken. Trainings und Interventionen für die Praxis. Hogrefe Verlag, Bern 2019.
2. Der wissenschaftlich validierte Fragebogen beruht auf der VIA-Klassifikation (VIA = »VIA Institute on Character«). Er gliedert die 24 Charakterstärken in sechs Tugendkategorien, wobei die Wissenschaft davon ausgeht, diese seien in allen Kulturen und Nationen universell vorhanden (siehe Niemiec 2019, S. 31).

3. Daniela Blickhan: Positive Psychologie. Ein Handbuch für die Praxis. Junfermann Verlag, Paderborn, 2., überarbeitete Auflage 2018, S. 126.
4. Das Zitat wird mehreren Personen zugeschrieben, etwa George Bernard Shaw und Winston Churchill.

Kapitel 8

1. Reinhard K. Sprenger: Mythos Motivation. Wege aus der Sackgasse. Campus Verlag. Das Buch ist erstmals 1991 erschienen.

Kapitel 9

1. Siehe dazu https://de.wikipedia.org/wiki/Bljuma_Wulfowna_Zeigarnik und https://de.wikipedia.org/wiki/Zeigarnik-Effekt.
2. Dr. BJ Fogg beschreibt die Methode in seinem Buch »Die Tiny Habits®-Methode. Kleine Schritte, große Wirkung« (btb Verlag, München 2021).
3. Vgl. dazu: Mel Robbins: Die 5 Sekunden Regel: Wenn du bis 5 zählen kannst, kannst du auch dein Leben verändern. frechverlag, Gerlingen, 2. Auflage 2018.

Kapitel 10

1. Frank M. Scheelen: Unternehmen Exzellenz. It's a Match. Was Unternehmen wirklich brauchen, um mit starken Teams Krisen zu meistern. Bildungsverlag Scheelen®, 2. Auflage 2023.

Kapitel 11

1. Anja Dilk: Neue Kultur gesucht. Macht's menschlicher. In: managerSeminare, Heft 235, Oktober 2017, S. 18-26, Zitat auf S. 18.

Kapitel 13

1. Siehe dazu Ardeschyr Hagmaier: Change Fuck? Wenn sich alles verändert und nichts verbessert. BusinessVillage, Göttingen 2017. Auch Ardeschyr Hagmaier: Schluss mit dem Veränderungswahn. In: managerSeminare, Heft 239, Februar 2018, S. 16-17.
2. Siehe dazu Ardeschyr Hagmaier: Bessermacher-Journal. Der 52-Wochen-Begleiter für Deine Bestleistung. GABAL Verlag, Offenbach 2025.

Kapitel 14

1. Das Konzept geht zurück auf Hendrie Weisinger und sein (vergriffenes) Buch »Kreative Kritik. Mit negativen Wertungen positiv umgehen«, das einst im Heyne Verlag erschienen ist.

Kapitel 15

1. Siehe dazu Kapitel 4: Erkennen Sie sich selbst, und Kapitel 11: Beachten Sie die Persönlichkeit Ihrer Mitarbeitenden.
2. Bernd-Wolfgang Lubbers: TeamIntelligenz: Ein intelligentes Team ist mehr als die Summe seiner Kompetenzen. Springer Gabler, Wiesbaden 2005.
3. Siehe Sascha Reimann: Kollektive Intelligenz entwickeln. Was macht Teams gut? In: managerSeminare, Heft 247, Oktober 2018, S. 30-37, Zitat auf S. 33.

Kapitel 16

1. Laura Schwind: Junge Talente gewinnen. Das Gen-Z-Rätsel. In: managerSeminare, Heft 303, Juni 2023, S. 64-71.
2. Siehe https://wirtschaftslexikon.gabler.de/definition/employer-branding-53538/version-276620.

Kapitel 17

1. In meinem Buch »Change Fuck? Wenn sich alles verändert und nichts verbessert« findest du das Gedicht vollständig abgedruckt.

Quellen und Literatur

Vorbemerkung: Das Verzeichnis umfasst die verwendete und zitierte Literatur (Quellen) und gibt weitere Literaturempfehlungen.

Quellen

Blasius, Tobias: Hetze statt Work-Life-Balance. Rhein-Sieg-Rundschau vom 26.06.2024, S. 8

Blickhan, Daniela: Positive Psychologie. Ein Handbuch für die Praxis. Junfermann Verlag, Paderborn, 2., überarbeitete Auflage 2018

Bljuma Wulfowna Zeigarnik – Informationen zu Person und Arbeit. https://de.wikipedia.org/wiki/Bljuma_Wulfowna_Zeigarnik und https://de.wikipedia.org/wiki/Zeigarnik-Effekt. Abgerufen am 19.12.2024

Dilk, Anja: Neue Kultur gesucht. Macht's menschlicher. In: managerSeminare, Heft 235, Oktober 2017, S. 18-26

Dr. BJ Fogg: Die Tiny Habits®-Methode. Kleine Schritte, große Wirkung. btb Verlag, München 2021

Gabler Wirtschaftslexikon. https://wirtschaftslexikon.gabler.de/definition/employer-branding-53538/version-276620. Abgerufen am 19.12.2024

Gallup: Engagement Index Deutschland 2023. Der Bericht kann unter www.gallup.com/de heruntergeladen werden. Abgerufen am 19.12.2024

Gekeler, Senta: Was Millennials jetzt wichtiger ist als Spaß bei der Arbeit. https://t3n.de/news/studie-millenials-wichtiger-als-spass-bei-der-arbeit-1633347/?filtered=1. Artikel vom 02.07.2024. Abgerufen am 19.12.2024

Generation XYZ – Eine Übersicht der Merkmale und Touchpoints. https://unicum-media.com/marketing-wiki/generation-x-y-z/?

portfolioCats=88%252C84%252C85%252C82%252C8. Abgerufen am 19.12.2024

Häuser, Ingrid: Die eigene Grabrede schreiben. So geht's. https://ingridhaeuser.de/eigene-grabrede-schreiben/. Verfasst am 26.03.2021. Abgerufen am 19.12.2024

Hagmaier, Ardeschyr: Bessermacher-Journal. Der 52-Wochen-Begleiter für Deine Bestleistung. GABAL Verlag, Offenbach 2025

Hagmaier, Ardeschyr: Schluss mit dem Veränderungswahn. In: managerSeminare, Heft 239, Februar 2018, S. 16-17

Hagmaier, Ardeschyr: Change Fuck? Wenn sich alles verändert und nichts verbessert. BusinessVillage, Göttingen 2017

Kuhlmann-Rhinow, Ingrid: Generation X, Y, Z: So unterscheiden sie sich. https://blog.hubspot.de/marketing/generation-x-y-z. Artikel vom 09.09.2019, aktualisiert am 03.03.2023. Abgerufen am 19.12.2024

Lubbers, Bernd-Wolfgang: TeamIntelligenz: Ein intelligentes Team ist mehr als die Summe seiner Kompetenzen. Springer Gabler, Wiesbaden 2005

Niemiec, Ryan M.: Charakterstärken. Trainings und Interventionen für die Praxis. Hogrefe Verlag, Bern 2019

Nienkerke-Springer, Anke: Personal Branding durch Fokussierung. In 10 Schritten zur einzigartigen Persönlichkeit. GABAL Verlag, Offenbach 2018

Reimann, Sascha: Kollektive Intelligenz entwickeln. Was macht Teams gut? In: managerSeminare, Heft 247, Oktober 2018, S. 30-37

Robbins, Mel: Die 5 Sekunden Regel: Wenn du bis 5 zählen kannst, kannst du auch dein Leben verändern. frechverlag, Gerlingen, 2. Auflage 2018

Scheelen, Frank M.: Unternehmen Exzellenz. It's a Match. Was Unternehmen wirklich brauchen, um mit starken Teams Krisen zu meistern. Bildungsverlag Scheelen®, Waldshut-Tiengen, 2. Auflage 2023

Schmidt, Josef: Wirtschaftsethik. Die Lehre vom sinnvollen Miteinander und der Verantwortlichkeit. Ethik als Erfolgsfaktor. Verlag Sicher Wissen, Bayreuth 2017

Schwind, Laura: Junge Talente gewinnen. Das Gen-Z-Rätsel. In: managerSeminare, Heft 303, Juni 2023, S. 64-71

Sinus-Studie: Wie ticken Jugendliche 2020? https://www.sinus-institut.de/media-center/studien/wie-ticken-jugendliche-2020. 23.07.2020. Abgerufen am 19.12.2024

Sprenger, Reinhard K.: Mythos Motivation. Wege aus der Sackgasse. Campus Verlag, Frankfurt am Main u.a., Erstauflage 1991

Ware, Bronnie: The Top Five Regrets of the Dying. Verlag Hay House, Australia 2012. Deutsch: 5 Dinge, die Sterbende am meisten bereuen. Einsichten, die Ihr Leben verändern werden. Goldmann, München, 14. Auflage 2015

Weisinger, Hendrie: Kreative Kritik. Mit negativen Wertungen positiv umgehen. Heyne Verlag (vergriffen)

Weitere Literaturempfehlungen

Dark Horse Innnovation (mehrere Autoren): New Workspace Playbook: Das unverzichtbare Praxisbuch für neues Arbeiten in neuen Räumen. Murmann Verlag, Hamburg, 3. Auflage 2018

Deimling, Holger: Führung und New Work: Die neue Arbeitswelt souverän managen und gestalten. Haufe Verlag, Freiburg 2021

Hagmaier, Ardeschyr: Ente oder Adler 1: Vom Problemsucher zum Lösungsfinder. GABAL Verlag, Offenbach, 10. Auflage 2015 (das Buch kann über Ardeschyr Hagmaier bezogen werden)

Hagmaier, Ardeschyr: Ente oder Adler 2: Quakst du noch oder fliegst du schon? Die 33 Adler-Prinzipien. GABAL Verlag,

Offenbach, 2. Auflage 2009 (das Buch kann über Ardeschyr Hagmaier bezogen werden)

Jachtchenko, Wladislaw: Die 5 Rollen einer Führungskraft. Remote Verlag, Fort Lauderdale/Florida, 4. Auflage 2020

Letwart, Matthias: Plötzlich sind Sie Führungskraft: Das praktische Buch für angehende Chefs. Wie Sie modern führen, schnell anerkannt werden und davon nachhaltig profitieren. Bookmundo (Selbstveröffentlichungsportal der Mayerschen Buchhandlung), Rotterdam 2024

Stichwortverzeichnis

360-Grad-Feedback 70

A
Aktivitäten und Vereinbarungen 156
Aktivitätenfestlegung 86
Arbeitgeberattraktivität 201
Arbeitnehmermarkt 33, 131
Autonomiebedürfnis 115

B
Babyboomer 23
Bedeutungsreframing 97
Bessermacher-Mentalität 168
Bewertungs- und Unterstützungsgespräch 186

C
Charakterstärken 102
Coaching, werteschätzendes 13, 19
Coachingprinzip 1
– Respekt, Vertrauen, Anerkennung 51
Coachingprinzip 2
– Aktives Zuhören 52
Coachingprinzip 3
– Individuelle Förderung 52
Coachingprinzip 4
– Offene Kommunikation 53
Coachingprinzip 5
– Empathie 54
Coachingprinzip 6
– Ziele setzen 55
Coachingprinzip 7
– Lernkultur 55
Coachingprinzip 8
– Selbstreflexion 57
Coachingprinzip 9
– Positive Arbeitsatmosphäre 57
Coachingprinzip 10
– Mit Leidenschaft coachen 58
Coachingprinzipien, werteschätzende 47
Commitment 154

D
Delegationsgespräch 184
DIEN-Norm 39
Differenzierung 75

E
Emotionales Warum 80
Employer Branding 201
Energiequellen 101
Energieräuber 108
Erfolgsgewohnheiten 99, 167

F
Fokussierung 72
Fremdbeobachtung 106
Fremdwahrnehmung 68
Führung in Post-Coronawelt 33
Führung, generationenbezogene 21
Führungsformel 11, 16, 209
Führungshandeln 141
Führungskraft, coachende 49
Führungskultur, coachende 43

G
Generation X (Generation Golf) 24
Generation Y (Millennials) 24
Generation Z (Digital Natives) 26
Generationen (Definition) 22
Generationenzugehörigkeit 13, 27
Gesprächskompetenz 175
Gesprächssituationen 178
Glaubenssätze 98
Grundbedürfnisse, psychologische 115

H
Handlungsorientierung 219
Hilfe zur Selbsthilfe 14

J
Ja-Wort (Commitment) 159

K
Kernbotschaft 82
Kommunikationskompetenz 175
Kommunikationskultur 40
Kompetenz-, Lern- und Weiterbildungskultur 161
Kompetenz, menschliche 176
Kompetenzbedürfnis 115
Kompetenzentwicklung 103
Kompetenz-Ist 104
Kompetenzlücken 105, 107
Kompetenz-Soll 103
Konfliktgespräch 180

Konfliktkultur 180
Kontextreframing 97
Körpersprache 176
Kritikgespräch 179
Kritik, konstruktive 179

L
Lebensbereiche 94
Lebensvision 82
Lösungsorientierung 158

M
Menschen statt Generationen 31
Menschen statt Generationen (Philosophie) 21
Mindset, generationenübergreifendes 213
Mini-Habits-Philosophie 126
Misserfolge 118
Mitarbeitercoaching 14, 129
Mitarbeiterführung 14, 129
Mitarbeiterorientierung 40
Motivation, intrinsische 112
Motivationsgespräch 182
Motivationsmuster 113
Motivationstipps 113
Motivatoren 111

N
Nachdenklichkeit 219

O
Onboarding 203
Onboarding (Maßnahmen) 204

P
Passung (Match) 134
Persönlichkeit der Mitarbeitenden 141
Persönlichkeitstypologien 145
Persönlichkeitstypus 148
Positive Psychologie 101
Post-Coronawelt 38
Potenzialentwicklung 101
Potenzialentwicklung (Impulse) 102
Power-Wortkombination 122

R
Recruiting 199
Reflexions-Notizbuch 16
Reframing 97
Resilienz 96, 170

S
Schmerz- und Freudehebel 182
Selbst(er)kenntnis 65
Selbstbefragung 67
Selbstbeobachtung 105
Selbstcoaching 14, 63
Selbstfindung 67
Selbstführung 14, 63
Selbstmanagement 63
Selbstmotivation 111
Selbstverpflichtung 87
Smiley-Faktor 209, 212
SPASS-Code 211, 213, 214
Stärkenmanagement 101
Strategie (Zielerreichung) 156

T
Talentmanagement 135, 138
TALENT-Prinzip 211, 213, 216
Talentschmiede Unternehmen 131
Talent-Scout 131, 216
Talent-Scout (Aufgaben) 136
Teamarbeit 189, 194
Teamführung 189
Teamführung (Impulse) 192
Teamgeist 196
TeamIntelligenz 191
Transformation 163
T.U.N. 121
Typgerechte Kommunikation 157

U
Umsetzung 121
Umsetzungsorientierung 220
Unternehmen als Bewerber 200

V
Veränderungskompetenz 163
Verbesserungskompetenz 163, 165
Vergangenheitsanalyse 73
Verhaltens- und Kommunikationstypologien 70–71
Vertrauen 48

W
Walk to talk 212
War for Talents 25, 35
Werte 116
Werte- und Sinngespräche 42
Widerstandsfähigkeit 96

Z
Ziele 79, 84, 153
Zielerreichung (Verpflichtung) 87
Zielfokussierung 85
Zielsetzung (vier Schritte) 79
Zielvereinbarungsgespräch 153
Zugehörigkeitsbedürfnis 115
Zukunftsanalyse 74
Zustandsmanagement (Impulse) 92
Zustandsmanagement (Ressourcen) 91